大迫力！

日本の

# 神々大百科

戸部民夫
監修

西東社

# 神々の世界へようこそ

戸部民夫

## 日本には神がたくさんいる

日本には八百万の神様がいる。「八百万」とは「ものすごくたくさん」という意味だ。なんでそんなに多いのかというと、昔から日本人は海、山、川や草、木、花、風や雷などの自然物や自然現象のすべてに精霊が宿ると考え、そのすべてを平和で豊かなくらしを守るために絶対に必要な神様としてまつったことが一番の理由だ。

これらの自然神が日本の神様の多数を占めるが、このほかにも鍛冶の神などの文化神、菅原道真などの人神もいる。

## 「日本神話」って何？

日本神話は、日本最古の歴史をまとめた本である『古事記』や『日本書紀』を中心とするさまざまな古代の記録のなかにえがかれている大昔の神々の物語のことだ。そこでは高天原（天上界）、葦原中国（地上界）、黄泉の国・根の国（地下世界）という世界観のもとに、天地の成り立ちから、本書で紹介している神々の出現やその活動によるさまざまな物事の起源が語られる。

## 神の姿と力

　日本の神様の大きな特徴の一つは「姿が見えない」ことだ。日本人は昔から神様は人間の知恵や知識では理解できない存在だから人の目に見えないものと考えてきた。でも、見えないとおまつりするのに不便なので、御神体（鏡、剣、玉など）という神様の霊が乗り移るモノ（依り代）が考案されて神社にまつられるようになった。
　また日本の神様は無限に分割することができるのも大きな特徴で、その分霊（分身のようなもの）をまつればどこでも神様の力が発揮される。

## 神の名前

　日本の神様の名前は、だいたいが山や川、水や土といったもともとの性格やその働きなどを表す漢字を使って名づけられている。神様の名前の末尾についている「命（尊）」「神（大神、大御神）」は敬称（尊敬する気持ちを表す言葉）で、「尊」は高天原の神、「命」は地上の神を意味している。
　また、同じ神様でも「命」や「神」がつく場合がある。たとえば「大国主命」はふだんの名前、「大国主神」は神社の祭神として神徳（ご利益）を発揮するときによばれる名前というちがいがある。

# もくじ

- 神々の世界へようこそ ............ 2
- おもな神々の系図 ............ 10
- 神々リスト（50音順） ............ 12
- 本の見方 ............ 14

## 一章 天上の神々

- 天之御中主神（アメノミナカヌシノカミ） ............ 16
- 高御産巣日神（タカミムスビノカミ） ............ 18
- 神産巣日神（カミムスビノカミ） ............ 20
- 天之常立神（アメノトコタチノカミ） ............ 22
- 国之常立神（クニノトコタチノカミ） ............ 24
- 伊邪那岐命（イザナギノミコト） ............ 28
- 伊邪那美命（イザナミノミコト） ............ 30
- 蛭子命（ヒルコノミコト） ............ 34
- 天照大神（アマテラスオオミカミ） ............ 40
- 月読命（ツキヨミノミコト） ............ 44

- 須佐之男命（スサノオノミコト）―――――― 46
- 八意思兼神（ヤゴコロオモイカネノカミ）―― 48
- 石凝姥命（イシコリドメノミコト）―――――― 50
- 玉祖命（タマノオヤノミコト）――――――――― 51
- 天手力男命（アメノタヂカラオノミコト）―― 52
- 天児屋根命（アメノコヤネノミコト）―――― 54
- 天太玉命（アメノフトダマノミコト）―――― 55

## 二章 地上の神々

- 大国主命（オオクニヌシノミコト）―――――― 60
- 櫛名田比売命（クシナダヒメノミコト）―― 64
- 白兎神（ハクトシン）――――――――――――― 66
- 蚶貝比売・蛤貝比売（キサガイヒメ・ウムギヒメ）― 68
- 須勢理毘売命（スセリビメノミコト）―――― 70
- 少彦名命（スクナヒコナノミコト）―――――― 72
- 天忍穂耳命（アメノオシホミミノミコト）―― 78
- 天稚彦命（アメノワカヒコノミコト）―――― 80
- 天穂日命（アメノホヒノミコト）――――――― 82
- 天探女（アメノサグメ）――――――――――――― 83
- 武甕槌命（タケミカヅチノミコト）―――――― 84

- 経津主命（フツヌシノミコト）――― 88
- 建御名方神（タケミナカタノカミ）――― 90
- 事代主命（コトシロヌシノミコト）――― 92
- 邇邇芸命（ニニギノミコト）――― 96
- 猿田彦命（サルタヒコノミコト）――― 98
- 彦火火出見命（ヒコホホデミノミコト）――― 100
- 大綿津見神（オオワタツミノカミ）――― 102
- 豊玉姫命（トヨタマヒメノミコト）――― 104
- 鸕鷀草葺不合尊（ウガヤフキアエズノミコト）――― 106
- 玉依姫命（タマヨリヒメノミコト）――― 107
- 神倭伊波礼毘古命（カムヤマトイワレビコノミコト）――― 110
- 邇芸速日命（ニギハヤヒノミコト）――― 112
- 倭迹迹日百襲比売命（ヤマトトトヒモモソヒメノミコト）――― 114
- 日本武尊（ヤマトタケルノミコト）――― 116
- 弟橘姫命（オトタチバナヒメノミコト）――― 118
- 熱田大神（アツタノオオカミ）――― 120
- 息長足姫命（オキナガタラシヒメノミコト）――― 126
- 誉田別命（ホンダワケノミコト）――― 128
- 吉備津彦命（キビツヒコノミコト）――― 132

# 三章 自然の神々

- 天御柱命・国御柱命（アメノミハシラノミコト・クニノミハシラノミコト） 138
- 久久能智神（ククノチノカミ） 140
- 大山祇神（オオヤマツミノカミ） 142
- 鹿屋野姫神（カヤノヒメノカミ） 144
- 迦具土神（カグツチノカミ） 146
- 埴山姫命（ハニヤマヒメノミコト） 148
- 磐長媛命（イワナガヒメノミコト） 149
- 罔象女神（ミズハノメノカミ） 150
- 高靇神（タカオカミノカミ） 152
- 火雷神（ホノイカヅチノカミ） 154
- 菊理媛神（ククリヒメノカミ） 156
- 住吉三神（スミヨシサンシン） 158
- 宗像三女神（ムナカタサンジョシン） 160
- 天津彦根命（アマツヒコネノミコト） 166
- 五十猛命（イソタケルノミコト） 168
- 大山咋神（オオヤマクイノカミ） 170
- 木花之佐久夜毘売命（コノハナノサクヤヒメノミコト） 172
- 塩土老翁神（シオツチノオジノカミ） 176
- 八咫烏（ヤタガラス） 178
- 賀茂別雷神（カモワケイカヅチノカミ） 180

7

- 神猿（マサル）——————————————182
- 熊野神（クマノノカミ）————————————184
- 九頭竜（クズリュウ）————————————186
- 金毘羅神（コンピラシン）———————————188

## 四章 生活の神々

- 宇迦之御魂神（ウカノミタマノカミ）——————————192
- 金山彦命（カナヤマヒコノミコト）————————————196
- 稚産霊神（ワクムスビノカミ）—————————————198
- 豊受大神（トヨウケノオオカミ）————————————199
- 大禍津日神（オオマガツヒノカミ）———————————200
- 哭沢女神（ナキサワメノカミ）—————————————202
- 天羽槌雄命（アメノハヅチオノミコト）———————————203
- 天目一箇命（アメノマヒトツノミコト）———————————204
- 天鈿女命（アメノウズメノミコト）————————————208
- 保食神（ウケモチノカミ）———————————————212
- 大年神（オオトシノカミ）———————————————214
- 神大市姫命（カミオオイチヒメノミコト）——————————218
- 久延毘古神（クエビコノカミ）—————————————220
- 奥津彦命・奥津姫命（オキツヒコノミコト・オキツヒメノミコト）—————222

### 神話ダイジェスト

- 国生みと神生み————————36
- 黄泉の国のイザナミとイザナギ——38
- アマテラスとスサノオの対立—56
- オオクニヌシの国づくり——76
- 地上に降りたアマテラスの子孫—108
- カムヤマトイワレビコの東征—122
- ヤマトタケルの戦い————124

- 阿遅鉏高彦根命（アジスキタカヒコネノミコト） 224
- 矢乃波波木命（ヤノハハキノミコト） 226
- 天石門別命（アメノイワトワケノミコト） 227
- 栲幡千々姫命（タクハタチヂヒメノミコト） 228
- 高倉下命（タカクラジノミコト） 230
- 田道間守命（タジマモリノミコト） 232
- 磐鹿六雁命（イワカムツカリノミコト） 234
- 野見宿禰（ノミノスクネ） 236
- 天之御影命（アメノミカゲノミコト） 238
- 大宮能売命（オオミヤノメノミコト） 239
- 役行者（えんのぎょうじゃ） 240
- 菅原道真（すがわらのみちざね） 242
- 安倍晴明（あべのせいめい） 246
- 大口真神（オオグチノマガミ） 248

- 「けがれ」とは？ 26
- 高天原はどこ？ 58
- 神使とは？ 86
- 神社って何？ 134
- 外国からきた神 164
- 昔話の神 190
- 妖怪と神のちがい 206
- 日本のさまざまな祭 250
- 神社マップ全国編 252
- 神社マップ近畿編 254

# おもな神々の系図

初代天皇と伝わるカムヤマトイワレビコ（神武天皇）までの神々の系図。アマテラスの孫ニニギが、高天原（天上界）から地上に降り立ち（天孫降臨）、その子孫が天皇になった。

═ 夫婦　── 子

高天原

タカミムスビノカミ
高御産巣日神
➡ P18

イザナギノミコト
伊邪那岐命
➡ P28

「みそぎ」で生まれた三貴子

アマテラスオオミカミ
天照大神 ➡ P40

ツキヨミノミコト
月読命 ➡ P44

スサノオノミコト
須佐之男命 ➡ P46

タクハタチヂヒメノミコト
栲幡千々姫命
➡ P228

アメノオシホミミノミコト
天忍穂耳命
➡ P78

イザナミノミコト
伊邪那美命
➡ P30

「神生み」で誕生

オオワタツミノカミ
大綿津見神
➡ P102

オオヤマツミノカミ
大山祇神
➡ P142

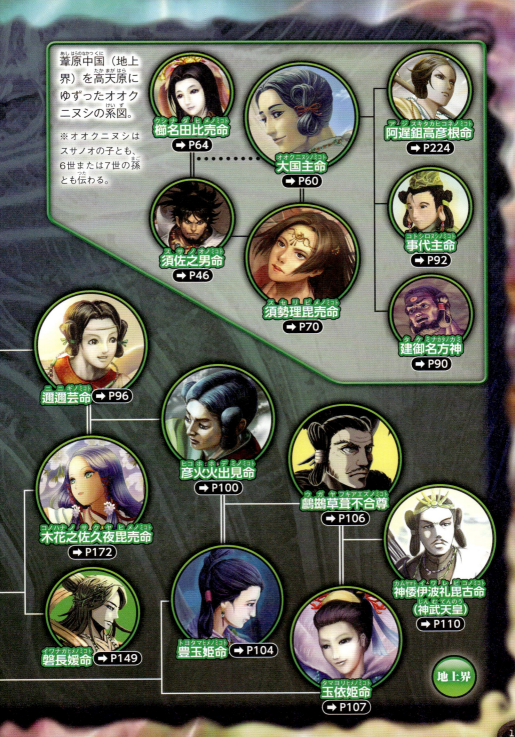

# 神々リスト（50音順）

## あ

| | | | |
|---|---|---|---|
| アジスキタカヒコネノミコト | 224 | イザナミノミコト | 30 |
| アツタノオオカミ | 120 | イシコリドメノミコト | 50 |
| あべのせいめい | 246 | イソタケルノミコト | 168 |
| アマツヒコネノミコト | 166 | イワカムツカリノミコト | 234 |
| アマテラスオオミカミ | 40 | イワナガヒメノミコト | 149 |
| アメノイワトワケノミコト | 227 | ウカノミタマノカミ | 192 |
| アメノウズメノミコト | 208 | ウガヤフキアエズノミコト | 106 |
| アメノオシホミミノミコト | 78 | ウケモチノカミ | 212 |
| アメノコヤネノミコト | 54 | えんのぎょうじゃ | 240 |
| アメノサグメ | 83 | オオグチノマガミ | 248 |
| アメノタヂカラオノミコト | 52 | オオクニヌシノミコト | 60 |
| アメノトコタチノカミ | 22 | オオトシノカミ | 214 |
| アメノハヅチオノミコト | 203 | オオマガツヒノカミ | 200 |
| アメノフトダマノミコト | 55 | オオミヤノメノミコト | 239 |
| アメノホヒノミコト | 82 | オオヤマクイノカミ | 170 |
| アメノマヒトツノミコト | 204 | オオヤマツミノカミ | 142 |
| アメノミカゲノミコト | 238 | オオワタツミノカミ | 102 |
| アメノミナカヌシノカミ | 16 | オキツヒコノミコト・ | |
| アメノミハシラノミコト・ | | オキツヒメノミコト | 222 |
| クニノミハシラノミコト | 138 | オキナガタラシヒメノミコト | 126 |
| アメノワカヒコノミコト | 80 | オトタチバナヒメノミコト | 118 |
| イザナギノミコト | 28 | | |

## か

| | | | |
|---|---|---|---|
| カグツチノカミ | 146 | ククノチノカミ | 140 |
| カナヤマヒコノミコト | 196 | ククリヒメノカミ | 156 |
| カミオオイチヒメノミコト | 218 | クシナダヒメノミコト | 64 |
| カミムスビノカミ | 20 | クズリュウ | 186 |
| カムヤマトイワレビコノミコト | 110 | クニノトコタチノカミ | 24 |
| カモワケイカヅチノカミ | 180 | クマノノカミ | 184 |
| カヤノヒメノカミ | 144 | コトシロヌシノミコト | 92 |
| キサガイヒメ・ウムギヒメ | 68 | コノハナノサクヤヒメノミコト | 172 |
| キビツヒコノミコト | 132 | コンピラシン | 188 |
| クエビコノカミ | 220 | | |

## さ

| | | | |
|---|---|---|---|
| サルタヒコノミコト | 98 | スサノオノミコト | 46 |
| シオツチノオジノカミ | 176 | スセリビメノミコト | 70 |
| すがわらのみちざね | 242 | スミヨシサンシン | 158 |
| スクナヒコナノミコト | 72 | | |

## た

| | | | |
|---|---|---|---|
| タカオカミノカミ | 152 | タジマモリノミコト | 232 |
| タカクラジノミコト | 230 | タマノオヤノミコト | 51 |
| タカミムスビノカミ | 18 | タマヨリヒメノミコト | 107 |
| タクハタチヂヒメノミコト | 228 | ツキヨミノミコト | 44 |
| タケミカヅチノミコト | 84 | トヨウケノオオカミ | 199 |
| タケミナカタノカミ | 90 | トヨタマヒメノミコト | 104 |

## な

| | | | |
|---|---|---|---|
| ナキサワメノカミ | 202 | ニニギノミコト | 96 |
| ニギハヤヒノミコト | 112 | ノミノスクネ | 236 |

## は

| | | | |
|---|---|---|---|
| ハクトシン | 66 | フツヌシノミコト | 88 |
| ハニヤマヒメノミコト | 148 | ホノイカヅチノカミ | 154 |
| ヒコホホデミノミコト | 100 | ホンダワケノミコト | 128 |
| ヒルコノミコト | 34 | | |

## ま

| | | | |
|---|---|---|---|
| マサル | 182 | ムナカタサンジョシン | 160 |
| ミズハノメノカミ | 150 | | |

## や・わ

| | | | |
|---|---|---|---|
| ヤゴコロオモイカネノカミ | 48 | ヤマトタケルノミコト | 116 |
| ヤタガラス | 178 | ヤマトトトヒモモソヒメノミコト | 114 |
| ヤノハキノミコト | 226 | ワクムスビノカミ | 198 |

# 本の見方

### 解説
その神の特徴や、神話のエピソードなどを紹介。

### 神の絵
神話の一場面や、その神の特徴をイメージしてえがかれている。

### 神の名前

### 分類
何の神なのか、大まかに分類している。

### 神々の外伝
その神をまつっている神社や、ゆかりの祭などを紹介。

### データ
| | | | |
|---|---|---|---|
| 別名 | ：ほかにどんなよび名や、漢字の書き方があるか | 特徴 | ：どんな能力をもっているか。何をしたどんな神なのか |
| 神格 | ：何の神としてまつられているのか、神としての資格や地位など | ご利益 | ：どんな願いをかなえてくれるのか |
| | | 神社 | ：まつっているおもな神社 |

※本書の神名などの表記は、原則として一般になじみがあるもの、表記が簡単なものを基準として、タイトルは漢字とカタカナで表記しました。また、神名の「神」「命」などの敬称については、読みやすくするためにタイトル以外省略し、本文中の神名は原則としてカタカナで表記しています。

# 一章

# 天上の神々

世界のはじまりとともに、高天原にすべての源となる特別な神が現れた。やがて日本の国土となる島々や、自然や文化をつかさどる神々が生まれた。

# 天之御中主神 アメノミナカヌシノカミ

## いちばんはじめに天上界に現れた最高神

　天地が分かれて世界がはじまったとき、最初に現れた神。名前の「天」は宇宙、「御中」は中心、「主神」は最高神を意味する。つまり、宇宙の中心にいる最高神なのだ。

　この神について、神話では「現れて、すぐに姿を隠した」としか書かれていない。そのため、その正体についてさまざまな説があるが、日本の神々の頂点に立つ全知全能の神とされている。

　また、14世紀中ごろから、仏教の妙見菩薩（妙見さま）として広くまつられるようになった。アメノミナカヌシが「宇宙の中心にいる」ことから、北極星の化身である妙見菩薩と結びついたと考えられている。

## データ

建国の神

| | |
|---|---|
| 別名 | 妙見菩薩 |
| 神格 | 宇宙の根源 |
| 特徴 | 神々の中心的存在 |
| ご利益 | 安産・長寿・開運招福・学業上達など |
| 神社 | 秩父神社（埼玉県）、水天宮（福岡県）そのほか各地の妙見社など |

一章

## 神々の外伝

アメノミナカヌシ（妙見さま）をまつる神社として有名なのが、秩父神社（埼玉県秩父市）だ。毎年12月2～3日に行われる例大祭（神社でいちばん重要な祭）は「秩父夜祭」とよばれ、300年以上の歴史がある。

秩父神社本殿

# タカミムスビノカミ
# 高御産巣日神

### ものを生み出す霊力をもつ神

アメノミナカヌシ（➡P16）に続いて、高天原に現れた神。

名前のムスビは、ものを生み出す霊力を表し、カミムスビ（➡P20）とともに天地を形づくった。また、名前の「タカ」は天という意味で、天上界の創造を担当したと考えられている。

この神は、高木神という別名で神話にたびたび登場する。そこでは、高天原の最高司令神として、「天孫降臨」（➡P108）や「神武東征」（➡P122）など、大和朝廷の日本統一を助けた。そのため、宮中祭祀とよばれる天皇家の儀式で、今でも重要な神としてまつられている。

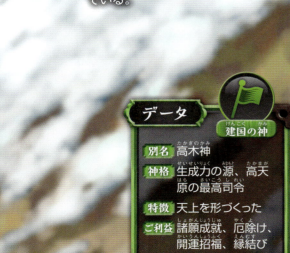

**データ**

建国の神

| | |
|---|---|
| 別名 | 高木神 |
| 神格 | 生成力の源、高天原の最高司令 |
| 特徴 | 天上を形づくった |
| ご利益 | 諸願成就、厄除け、開運招福、縁結びなど |
| 神社 | 安達太良神社（福島県）、東京大神宮（東京都）など |

## 神々の外伝

宮中祭祀のうち、五穀の豊作を祈る「祈年祭」（2月17日）と、収穫に感謝する「新嘗祭」（11月23日）が特に重要とされる。タカミムスビはこれらの儀式でまつられているので、作物を生み出す神とも考えられている。

『古事記』に出てくる五穀

# 神産巣日神
## カミムスビノカミ

### タカミムスビと一緒に天地を創造した

高天原に3番目に現れた神。タカミムスビ（→P18）とともに天地を創造した。この2神とアメノミナカヌシ（→P16）を合わせて「造化三神」（→P23）という。

「造化三神」に明確な性別はないが、カミムスビは女性的な神とされている。これは、穀物の誕生にかかわり、出雲神話でオオクニヌシ（→P60）を生き返らせ、国づくりを助ける地母神（大地の母なる神）のようにえがかれているからである。

つまり、天上界をつくった男性的なタカミムスビに対して、カミムスビは地上界をつくり、大地に生命力をあたえる母のような神なのである。

### データ
**建国の神**

| | |
|---|---|
| 別名 | 神皇産霊命 |
| 神格 | 生成力の源、出雲の神々の祖、農耕 |
| 特徴 | 大地に生命力をあたえる |
| ご利益 | 豊作、縁結び、厄除け、開運招福など |
| 神社 | 出雲大社（島根県）、安達太良神社（福島県）など |

### 神々の外伝

出雲大社（島根県出雲市）は、オオクニヌシが高天原へ国をゆずるかわりに建てさせたものだ。このとき、カミムスビが指示して自分の宮殿をモデルにつくらせたという。大昔の本殿は高さ48mもあったとされる。

太古の出雲大社本殿の模型

# アメノトコタチノカミ
# 天之常立神

## 永遠不変の高天原の守護神

　名前は「天にいつもいる」という意味。高天原が永遠に続くことを表す神であり、高天原の守り神とされている。

　「造化三神」（→P23）が現れたころ、世界は生まれたばかりで、天と地はまだかたまっていなかった。そこに現れたのが、アメノトコタチである。神話では、天と地の間に、「葦という植物が芽を出すように現れた」とえがかれている。これは、大地から芽生える植物の豊かな生命力を表すと考えられている。

　アメノトコタチは、不安定だった天上界をいつまでも変わらずに続くようにしっかりかためた。そうして、高天原に多くの神々が住めるようになったのである。

一章

## データ
### 建国の神

- **別名** 天常立尊
- **神格** 高天原の守護神
- **特徴** 天上界をいつまでも変わらぬよう支える
- **ご利益** 産業開発、五穀豊穣など
- **神社** 出雲大社（島根県）駒形神社（岩手県）

## 神々の外伝

天地が分かれてから最初に生まれた3神を「造化三神」といい、その次に生まれた2神と合わせて「別天神」という。この5神は神々の中でも特別な存在で、男女の性別はない。

| 別天神 | 造化三神 | アメノミナカヌシ（➡P16） |
| --- | --- | --- |
| | | タカミムスビ（➡P18） |
| | | カミムスビ（➡P20） |
| | ウマシアシカビヒコジ | |
| | アメノトコタチ | |

23

# クニノトコタチノカミ
# 国之常立神

## 生命力が宿る国土形成の神

高天原の守護神アメノトコタチ（→P22）と対になる神。名前の「国」は国土・大地のことで、大地の永遠性を表す地上界の守り神とされる。

アメノトコタチによって天はかたまったが、大地はまだどろどろとしていた。クニノトコタチは、その泥の中から、アメノトコタチと同じように、葦という植物が芽を出すように現れた。そして、大地をしっかりかため、多くの生き物がいつまでも住める世界にした。

この神は、地上に宿って、人々のくらしのすべてを守るとされている。特に農業や産業の守り神としてまつられることが多い。

### データ

**建国の神**

| | |
|---|---|
| 別名 | 国常立尊、国底立尊 |
| 神格 | 国土形成の源 |
| 特徴 | 神世七代の一代目 |
| ご利益 | 国土安穏、殖産興業、開運招福、商売繁盛、縁結びなど |
| 神社 | 玉置神社（奈良県）、西金砂神社（茨城県）など |

### 神々の外伝

別天神（→P23）に続いて現れた2神と男女5対10神の7代の神々を「神世七代」という。

| | | |
|---|---|---|
| 1 | クニノトコタチ | |
| 2 | トヨクモノ | |
| 3 | ウイヂニ | スイヂニ |
| 4 | ツヌグイ | イクグイ |
| 5 | オオトノヂ | オオトノベ |
| 6 | オモダル | アヤカシコネ |
| 7 | イザナギ（→P28） | イザナミ（→P30） |

性別なし　　男神　　女神

# 「けがれ」とは？

## 元気がなくなる「けがれ」

「けがれ」とは、「汚れ」の字も当てられるように、心身がきれいでなくなることだ。ただし、体に泥がつくような表面的な汚さではなく、心が乱れたり、元気がなくなったりして生命力が弱まることをさす。

死や出産、出血などはけがれのもととされ、本人だけでなく、それらに触れただけでけがれがうつると考えられた。そのため、葬式に出た人は、しばらく神社参りや祭への参加をひかえた方がよいとされている。

けがれが取りのぞかれた状態のことを「はれ」という。けがれとは反対に心身ともに清く正しく、生命力に満ちあふれていることをさす。

イザナギは、亡くなって黄泉の国（死者の国）にいるイザナミを訪ね、死のけがれにまみれた。写真はイザナギが黄泉の国から逃げるときに通ったといわれる黄泉比良坂（島根県松江市）。

## けがれを清める「みそぎ」と「はらえ」

「みそぎ」は、身についたけがれを水で洗い流すことだ。黄泉の国から帰ったイザナギが、海水で身を清め、けがれを落としたのがはじまりという。神社の手水舎（→P135）の水で手を洗い、口をすすぐのもみそぎの一種だ。

「はらえ」は、神社で神主が大幣（白い紙や布をつけた棒）を振り、けがれを移して清める方法がよく知られる。もともとは、人形などに罪やけがれを移し、これを焼いたり川に流したりしていた。

また、6月と12月の末、神社で「大はらえ」という儀式が行われる。境内に置かれた茅の輪（茅という草で作った大きな輪）をくぐると、半年分のけがれが落ちるとされる。

鳥取県鳥取市で旧暦3月3日に行われる流しびな。ひな人形はもともと、けがれを移して流す人形だったとされている。

## 恐ろしい神罰

神が怒って災いをもたらすことを「神罰」や「たたり」という。もともとは神が現れることを「たたり」といい、災いとは関係なく夢に神が現れて予言することも「たたり」とされてきた。やがて、怨霊が災いをおこすという御霊信仰（→P244）と結びつき、たたりは神罰と同じ意味で使われるようになった。

神の意志にそむいたり、神の宿る場所やものを粗末にしたりすると神罰が下るとされる。仲哀天皇は、妻のオキナガタラシヒメ（→P126）を通じて朝鮮半島への遠征をすすめる住吉三神（→P158）のお告げを聞いた。しかし、これに逆らった上、神をうそつきよばわりしたため、神罰が下って亡くなったという。

仲哀天皇とオキナガタラシヒメをまつる香椎宮（福岡県福岡市）。仲哀天皇は、この地で神罰を受けて亡くなったという。

## データ

**別名** 伊弉諾尊、お多賀さま
**神格** 人類の起源、結婚
**特徴** 国土と神々を生んだ父神
**ご利益** 縁結び、夫婦円満、産業繁栄、商売繁盛など
**神社** 多賀大社（滋賀県）、伊弉諾神宮（兵庫県）など

建国の神

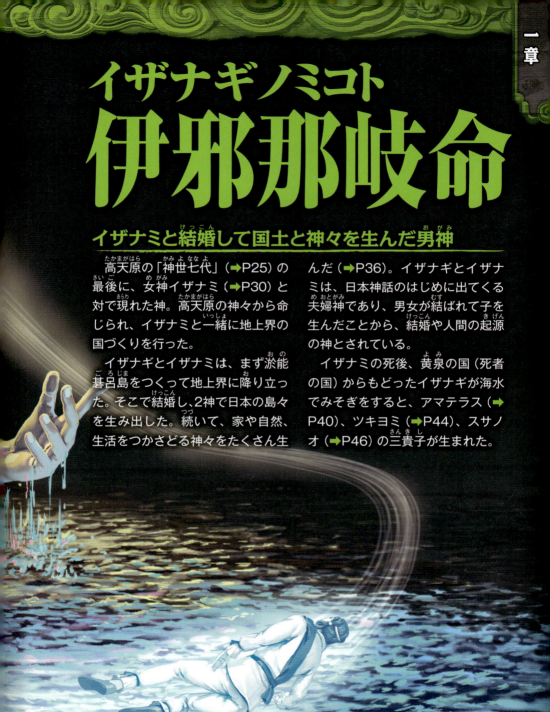

一章

# イザナギノミコト
# 伊邪那岐命

## イザナミと結婚して国土と神々を生んだ男神

高天原の「神世七代」（➡P25）の最後に、女神イザナミ（➡P30）と対で現れた神。高天原の神々から命じられ、イザナミと一緒に地上界の国づくりを行った。

イザナギとイザナミは、まず淤能碁呂島をつくって地上界に降り立った。そこで結婚し、2神で日本の島々を生み出した。続いて、家や自然、生活をつかさどる神々をたくさん生んだ（➡P36）。イザナギとイザナミは、日本神話のはじめに出てくる夫婦神であり、男女が結ばれて子を生んだことから、結婚や人間の起源の神とされている。

イザナミの死後、黄泉の国（死者の国）からもどったイザナギが海水でみそぎをすると、アマテラス（➡P40）、ツキヨミ（➡P44）、スサノオ（➡P46）の三貴子が生まれた。

29

# イザナミノミコト
# 伊邪那美命

## 神生み後に「死の国」の支配者に変身した女神

　イザナギ（➡P28）と結婚して国土と神々を生んだ女神。イザナギとの間に山の神オオヤマヅミ（➡P142）、食べ物の神ウケモチ（➡P212）など多くの神々を生んだ。

　ところが、火の神カグツチ（➡P146）を生んだときに大やけどをして倒れ、水の神ミズハノメ（➡P150）などを生んで死んでしまう。

　こうして、国土やさまざまな自然の神を生み出したことから、大地の母神とされる。

　死後、美しかったイザナミの姿はみにくくなり、黄泉の国（死者の国）を支配する黄泉大神となった。その姿を見て逃げ出したイザナギに、毎日1000人ずつ殺すと告げて離婚し、死をつかさどる神となったのだ。

### データ

建国の神

| | |
|---|---|
| 別名 | 伊弉冉尊、お多賀さま |
| 神格 | 創造、万物を生む |
| 特徴 | 国と神を生んだ後、死をつかさどる神となった |
| ご利益 | 縁結び、夫婦円満、産業繁栄、商売繁盛など |
| 神社 | 多賀大社（滋賀県）、花窟神社（三重県）など |

### 神々の外伝

島根県松江市の黄泉比良坂は黄泉の国と地上界との境界とされている。ここにある巨石「千引の岩」は、黄泉大神になったイザナミが地上界に出てこないようにイザナギが置いたと伝えられている。

黄泉比良坂の「千引の岩」

## 神々の外伝

# 伊邪那岐命・伊邪那美命
## イザナギノミコト・イザナミノミコト

### その1 イザナギ・イザナミの足跡

　日本神話に出てくる神々や場所にゆかりの地が、日本各地にある。

　イザナギとイザナミが、国生み（→P36）ではじめに立った「天浮橋」と関係があるとされるのが、天橋立（京都府宮津市）と海の中道（福岡県福岡市）だ。海の中道には能古島という島があり、この島をイザナギとイザナミが降り立った淤能碁呂島とする説もある。ほかに、兵庫県淡路島の沼島や絵島なども淤能碁呂島の候補としてあげられている。

　このほか、死後のイザナミが住む黄泉の国の入り口「黄泉比良坂」は島根県にあるとされている（→P30）。また、みそぎ池（宮崎県宮崎市）は、黄泉の国から帰ったイザナギが、みそぎをした場所といわれている。

沼島（兵庫県南あわじ市）の上立神岩。イザナギとイザナミは結婚するときに「天の御柱」の周りをたがいに逆方向に歩き、出会ったところで求婚した。この岩は、その天の御柱だともいわれる。

# その2 イザナギ・イザナミをまつる多賀大社

　滋賀県多賀町の多賀大社は、イザナギとイザナミの2神だけをまつる多賀神社の総本社だ。『古事記』によると、神生みを終えたイザナギがこの地に落ち着いたとされる。
　多賀大社は、古くから「お多賀さま」とよばれて多くの人に親しまれてきた。特に室町時代中期から人気が高まり、江戸時代には「お伊勢参らばお多賀へ参れ、お伊勢お多賀の子でござる」という歌も生まれた。当時、イザナギの子アマテラスをまつる伊勢神宮（三重県伊勢市）へのおかげ参り（→P42）が流行し、それと合わせて、その親をまつる多賀大社へのお参りもさかんに行われたのだ。

多賀大社の御神木「三本杉」。この地に降りたイザナギが、地元の老人にふるまわれた粟飯を食べ、使ったはしを地面にさしたところ、この大木に育ったという。

イザナギとイザナミがまつられている多賀大社の社殿。

## データ

海の神

| | |
|---|---|
| 別名 | 恵比寿神、戎大神 |
| 神格 | 海、漁業、市 |
| 特徴 | イザナギとイザナミの最初の子 |
| ご利益 | 豊漁、航海安全、商売繁盛など |
| 神社 | 西宮神社（兵庫県、栃木県）、全国の蛭子神社など |

# 一章

# 蛭子命 ヒルコノミコト

## 海の彼方からやってきた「福の神」

イザナギとイザナミの「国生み」（→P36）で最初に生まれた神。しかし、両親に子として認められず、舟に乗せられて海に流されてしまった。神話では、この神のその後は語られていない。

しかし、ヒルコはやがて伝説の中で復活する。海の彼方からやってきて幸福をもたらす「えびす神」（→P94）とされるようになったのだ。はじめは漁業や航海の守り神だったが、商業がさかんになると商売繁盛の福の神になった。また、東日本の農村部では、豊作をもたらす農業の神としてまつられることが多い。

海に流されたヒルコは、やがて今の兵庫県西宮市に流れ着いたとされる。そこに建つ西宮神社は、ヒルコをえびす神としてまつる「えびす宮」の総本社である。

### 神々の外伝

西日本では「十日戎」という祭で1月10日にえびす神をまつる。その一方、東日本では、1月と11月の20日にえびす神をまつる「えびす講」という行事が行われる。

桐生西宮神社（群馬県桐生市）のえびす講

## 神話ダイジェスト

# 国生みと神生み

イザナギとイザナミは地上に降り、
日本列島とさまざまな神を生みだしていく。

**1** イザナギ（→P28）とイザナミ（→P30）は、高天原の神々から国土を固めるよう命じられ、天浮橋から天の沼矛で海をかき回した。その矛の先からこぼれ落ちた海水が固まり、淤能碁呂島ができた。

**2** ２神はこの島に降り、天の御柱と宮殿を建てた。天の御柱をぐるっと周って声をかけあい、結ばれてヒルコ（→P34）と淡島が生まれた。

**3** しかし、望むような子ではなかったので、ヒルコは海に流し、淡島は子として認めなかった。子作りに失敗した原因は、先にイザナミがイザナギに声をかけたことだった。

今度はイザナギから声をかけてやり直すと、淡路島や本州など8つの島（大八島国）が生まれた。さらに6つの島が生まれて日本列島ができた。

イザナギとイザナミは、海、山、食べ物の神など、35の神々を生んでいった。しかし、火の神カグツチ（→P146）を生んだとき、イザナミはひどいやけどをして倒れてしまった。

そのままイザナミが亡くなると、イザナギは悲しみと怒りをカグツチにぶつけ、首をはねて殺してしまった。

## 神話ダイジェスト

# 黄泉の国のイザナミとイザナギ

イザナギは、亡くなった妻イザナミを追って
死者の世界「黄泉の国」を訪れる。

### 1

イザナギはイザナミを連れ戻すため、真っ暗な黄泉の国を訪ねた。イザナミは、帰れるように黄泉の神に相談する間、絶対に自分を見るなといい残して黄泉の御殿の奥に入った。

### 3

恐ろしさのあまり、イザナギは逃げ出した。イザナミは「見るなと言ったのに恥をかかせたな!」と怒り、手下の鬼女たちにイザナギを追わせた。

### 2

イザナギは待ちきれず、櫛に火を灯し、御殿の奥へ進んだ。そこで見たのは、恐ろしい八雷神(→P154)を生み、みにくく変わり果てたイザナミの姿だった。

イザナギが髪飾りや櫛の歯を投げて、鬼女の足を止めた。次に八雷神と鬼の大軍がイザナギを追ってくると、この世と黄泉の境「黄泉比良坂」に生えていた桃の実を投げつけ、その霊力で追いはらった。

ついにはイザナミが追ってきた。イザナギは巨大な岩で黄泉比良坂をふさぎ、岩ごしに離婚を切り出した。イザナミは「別れるなら1日に1000人殺す」と怒り、イザナギは「それなら1日に1500人生む」と答えた。こうしてイザナミは死をつかさどる黄泉大神となった。

黄泉の国から戻ったイザナギは、海水でみそぎをして身を清めた。このとき落としたけがれなどから、住吉三神（→P158）やオオマガツヒ（→P200）などが生まれた。最後に顔を洗うとアマテラス（→P40）、ツキヨミ（→P44）、スサノオ（→P46）の三貴子が生まれた。

# 天照大神 アマテラスオオミカミ

## 日本の神々を支配する太陽の女神

　高天原を支配する美しい太陽の女神。「天照」とは、「天に照り輝く太陽」を意味する。黄泉の国（死者の国）から逃げもどったイザナギ（→P28）が、けがれを清めようと海水で左目を洗ったときに生まれた。

　アマテラスは、父イザナギに命じられて高天原に住み、すべての神々の支配者となった。また、そこで田畑を耕し、神々に絹糸や織物の作り方を教えた。これは、太陽がすべての生物の命や生活を支えていること

一章

を表している。そのため、あらゆる願いをかなえる万能の神とされる。
　また、アマテラスの孫ニニギ（→P96）が地上に降り、その子孫が天皇となったことから、皇室の祖先の神としてもまつられている。

### データ
**太陽の神**

| | |
|---|---|
| 別名 | 天照大御神 |
| 神格 | 太陽、日本の総氏神 |
| 特徴 | 日本の神々を支配 |
| ご利益 | 国家安泰、家内安全、商売繁盛、健康長寿など |
| 神社 | 伊勢神宮・内宮（三重県）、ほか全国の皇太神社、神明社 |

## 神々の外伝

# 天照大神
### アマテラスオオミカミ

## その1 アマテラスをまつる伊勢神宮

アマテラスをまつる伊勢神宮（三重県伊勢市）は、正式には「神宮」といい、日本の神社の中心的存在だ。アマテラスは、もともと天皇の宮殿にまつられていたが、崇神天皇がおそれおおいとして大和国笠縫村（奈良県桜井市）にまつらせた。

その後、垂仁天皇の娘であるヤマトヒメが、アマテラスをまつるのにもっともよい土地を探して各地をまわった。伊勢に入ったとき、「この美しい国にいたい」というアマテラスの声が聞こえた。それでヤマトヒメは、伊勢の五十鈴川に社を建てて、アマテラスをまつったという。これが伊勢神宮のはじまりとされる。

伊勢神宮には、アマテラスをまつる内宮をはじめ、トヨウケ（→P199）をまつる外宮など、全部で125のお宮がある。

「伊勢参宮略図」。江戸時代、伊勢神宮への参拝が大流行した。特に、約60年ごとの集団参拝は「おかげ参り」とよばれ、1830年には約500万人が参拝したという。

# その2 アマテラスに贈られた三種の神器

「八咫鏡」「八尺瓊曲玉」「草薙剣」の3つの宝を三種の神器という。「八咫鏡」と「八尺瓊曲玉」は、「天岩戸」の神話（→P56）で天岩戸に閉じこもったアマテラスにささげられた鏡と曲玉だ。「草薙剣」は、天叢雲剣ともいい、スサノオが退治した八岐大蛇の尾から出てきた剣。スサノオからアマテラスに贈られた。

アマテラスは孫のニニギ（→P96）にこの三種の神器を授けて、地上界に降ろした（天孫降臨→P108）。それ以来、天皇が代々受けついでいる。

「八咫鏡」は伊勢神宮、「草薙剣」は熱田神宮にそれぞれまつられ、「八尺瓊曲玉」は皇居に保管されているという。

実際の三種の神器の姿は謎に包まれているが、古代の銅鏡や曲玉、銅剣に似たところがあると考えられている。（イメージ図）

# その3 なぜ太陽神が女神なのか？

アマテラスのように、太陽神が女神なのは、世界の神々の中でもめずらしい。そのため、「なぜ女神なのか？」という謎がある。

これについて、『古事記』『日本書紀』（『記紀』）が完成したのが女帝の時代だったからという説がある。

7〜9世紀、推古天皇をはじめ、しばしば女性が天皇になり、『記紀』の成立時には持統・元明の姉妹が天皇を務めた。そのため、太陽神であり最高司令であるアマテラスは、推古天皇や持統・元明両天皇をモデルに女神とされたと考えられている。

# ツキヨミノミコト
# 月読命

## 月の霊力を示すアマテラスの弟神

イザナギ（→P28）が、黄泉の国のけがれを海水で清めたとき、右目から生まれた月の神。

乱暴な性格で、もてなし方が気に入らないとして、食べ物の女神ウケモチ（→P212）を切り殺してしまう。太陽神である姉アマテラス（→P40）は、これを聞いて怒り、二度と顔を合わせない世界へ行くように命じた。こうしてツキヨミは、太陽と出会わない夜の世界の月の神となったという。

月読とは「月の満ち欠けを数える」という意味。昔は月の満ち欠けから暦を作って農作業の目安としたことから、農業の神としてツキヨミをあがめた。また、占いに暦を使ったことから、占いの神ともされる。さらに、月の引力が潮の満ち干きをおこすことから、海の神ともされている。

### データ
農業の神

| | |
|---|---|
| 別名 | 月夜見命、月弓尊 |
| 神格 | 農耕、海、占い |
| 特徴 | 月の満ち欠けから暦を知る |
| ご利益 | 五穀豊穣、海上・家内安全、諸願成就など |
| 神社 | 出羽三山・月山神社（山形県）、そのほか各地の月山神社、月読社など |

### 神々の外伝

ツキヨミをまつる山形県西川町の月山神社は、月山の山頂にあり、約1400年前に建てられた。ツキヨミは、水をつかさどる農業神、航海や漁業の神として広く信仰されている。

月山神社本宮（山形県西川町）

一章

## 高天原を追放され、出雲国の英雄になった

　スサノオの「スサ」が「すさまじい」を意味するように、荒々しい神として有名だ。イザナギ（➡P28）が海水で鼻を清めたときに生まれ、父から海を治めるよう命じられる。しかし、死んだ母イザナミ（➡P30）に会いたいと泣きさけんで地上を荒らし、地上界から追放された。さらに、高天原でも、さまざまな悪事をはたらき、高天原からも追放された（➡P56）。

　高天原で悪い神とされたスサノオは、出雲へ降りると英雄に変身する。八岐大蛇を退治して、クシナダヒメ（➡P64）を助けたのだ。この話は、水神である八岐大蛇を退治して水を治め、豊作をもたらしたことを表している。このことから、スサノオは農業の守り神とされる。

### 神々の外伝

　スサノオは、疫病除けのインドの神「牛頭天王」ともされる。牛頭天王は、疫病除けのお守りとして、人々に茅という草を編んだ「茅の輪」を授けた。今でも神社で茅の輪くぐり（➡P27）が行われている。

スサノオをまつる津島神社（愛知県津島市）の和魂社例祭。1月に茅の輪をくぐり1年の健康と安全を願う。

一章

# 須佐之男命 スサノオノミコト

## データ

農業の神

| | |
|---|---|
| 別名 | 素戔嗚尊、牛頭天王 |
| 神格 | 農業、防災除疫、歌人 |
| 特徴 | 天上界の乱暴者から地上の英雄になる |
| ご利益 | 水難・火難・病難除去、五穀豊穣など |
| 神社 | 八坂神社（京都府）、氷川神社（埼玉県）、津島神社（愛知県）など |

47

# ヤゴコロオモイカネノカミ
# 八意思兼神

## 高天原の重大事で頼りにされた知恵の神

タカミムスビ（➡P18）の子で、知恵の神。名前は「いろいろな立場から考え、一人で2つ以上のことをこなす」という意味だ。つまり、たくさんの人々の知恵や知識が集まった神なのである。

ヤゴコロオモイカネは、すぐれた知恵で「天岩戸隠れ」（➡P56）を解決した。さまざまな工夫をこらして神々に指示し、隠れたアマテラス（➡P40）を外に誘い出したのだ。

「国ゆずり」（➡P108）などの重要な場面では、高天原の最高司令である父タカミムスビとアマテラスから頼りにされた。「天孫降臨」では、ニニギ（➡P96）のお供として地上界に降りてきた。これはアマテラスが地上で自分をまつる儀式を監督するように、ヤゴコロオモイカネに命じたのだ。

### 神々の外伝

ヤゴコロオモイカネは、天岩戸からアマテラスを外に出し、世界を晴れにした。そのため、東京都杉並区の氷川神社の境内にある気象神社では、この神を天気の神としてまつっている。

気象神社

### データ

学問の神

| | |
|---|---|
| 別名 | 思兼神 |
| 神格 | 知恵、学問 |
| 特徴 | 知恵と知識にあふれる賢者 |
| ご利益 | 学問・受験、木工・建築技術向上など |
| 神社 | 秩父神社（埼玉県）、戸隠神社（長野県）など |

# イシコリドメノミコト
# 石凝姥命

## 「八咫鏡」を作った金属加工の女神

工芸の神

| | |
|---|---|
| 別名 | 伊斯許理度売命 |
| 神格 | 金属加工・鍛冶 |
| 特徴 | 八咫鏡を作った |
| ご利益 | 鉄鋼・金物業守護、産業開発など |
| 神社 | 鏡作坐天照御魂神社（奈良県）、中山神社（岡山県）など |

名の「石凝」は、石をくりぬいた型に、とかした金属を流しこんで鏡などを作ることを表す。「天岩戸隠れ」（➡P56）で「八咫鏡」を作った。

鏡は、アマテラスが宿るいちばん重要な祭の道具だ。イシコリドメは、のちにニニギ（➡P96）のお供として地上界に降り、祭用の金属器を作る人々の祖先神となった。また、このときニニギが地上へ持ってきた八咫鏡は、天皇の証とされる「三種の神器」の1つとなった（➡P43）。

# 玉祖命
## タマノオヤノミコト

### 「八尺瓊曲玉」を作った宝石加工の神

　「天岩戸隠れ」(→P56)で「八尺瓊曲玉」を作った宝石加工の神。「玉」には霊魂という意味もあり、ヒスイなどの宝石を加工して作る曲玉は、神が宿る重要な祭の道具だった。

　八尺瓊曲玉は「大きな曲玉」という意味だ。「天孫降臨」のときにアマテラス(→P40)からニニギ(→P96)に贈られ、「三種の神器」(→P43)の1つとなった。タマノオヤは、ニニギとともに地上に降り、曲玉を作る職人たちの祖先となった。

## データ

工芸の神

| | |
|---|---|
| 別名 | 櫛明玉神 |
| 神格 | 玉造り |
| 特徴 | 八尺瓊曲玉を作った |
| ご利益 | 宝石・眼鏡・レンズ・カメラ業守護など |
| 神社 | 玉祖神社(山口県、大阪府)、玉作湯神社(島根県)など |

## 神々の外伝

長野県にある高さ1904mの戸隠山は、「天岩戸隠れ」が山名の由来。アメノタヂカラオをまつる山のふもとの戸隠神社は、約2000年前に建てられたと伝えられている。

戸隠神社奥社（長野県長野市）

# 天手力男命 アメノタヂカラオノミコト

一章

## アマテラスをひっぱり出した怪力の神

　高天原でいちばん力持ちの神。「天岩戸隠れ」(→P56)で、天岩戸の重い岩の扉を開け、閉じこもっていたアマテラス(→P40)の手を引いて外に連れ出した。優れた筋力をもつことから、スポーツの守り神としても信仰されている。

　ニニギが「天孫降臨」(→P108)するとき、イシコリドメ(→P50)ら「天岩戸隠れ」で活躍した神々が、一緒に地上界に降りた。アメノタヂカラオもその1神である。

　この神が地上界で住んだとされる場所はいくつかあり、その1つが長野県長野市の戸隠山である。この山には、「アメノタヂカラオが放り投げた天岩戸の岩の扉が地上界に落ちてできた」という伝説がある。

**武芸の神**

| データ | | |
|---|---|---|
| 別名 | 手力雄命 | 神格　力、技芸 |
| 特徴 | 天上界一の怪力の持ち主 | |
| ご利益 | 技芸上達、スポーツ向上、五穀豊穣 | |
| 神社 | 伊勢神宮内宮・相殿(三重県)、戸隠神社(長野県)など | |

53

# アメノコヤネノミコト
# 天児屋根命

## 天岩戸でアマテラスをほめたたえた言葉の神

「天岩戸隠れ」（➡P56）で「祝詞」をささげた神。祝詞とは、神の言葉のことで、今も神主が神をほめたたえる言葉として引きつがれている。

昔から日本では、言葉には魂（言霊）が宿り、よい言葉を唱えるとよいことがおきると信じてきた。アメノコヤネの祝詞も、アマテラス（➡P40）を大いになぐさめたという。のちに、この神は地上に降り、子孫が天皇の儀式をつかさどった。

### データ

**呪術の神**

| | |
|---|---|
| 別名 | 天之子八根命 |
| 神格 | 言霊、祝詞 |
| 特徴 | 言葉で心を動かす |
| ご利益 | 学業成就、開運・出世など |
| 神社 | 枚岡神社（大阪府）、春日大社（奈良県）など |

# アメノフトダマノミコト
# 天太玉命

## 「玉串」や「注連縄」を考案した祭の道具の神

　玉串や注連縄を考えた神。玉串は榊の枝に折った紙をつけたもので、注連縄は神のいる神聖な場所を示す縄だ。「天岩戸隠れ」（➡P56）で、アマテラス（➡P40）を誘い出す作戦の成否を占ったり、りっぱな玉串を作ってアマテラスにささげたりした。アマテラスが外に出ると、天岩戸に注連縄をかけ、二度と中にこもれないようにした。その後、天皇の儀式で使う道具の管理役となった。

### データ

**呪術の神**

| | |
|---|---|
| 別名 | 大麻比古命 |
| 神格 | 占い、祭具 |
| 特徴 | 祭の道具をつかさどる |
| ご利益 | 厄除け、縁結び、産業発展など |
| 神社 | 安房神社（千葉県）、大麻比古神社（徳島県）など |

一章

55

## 神話ダイジェスト

# アマテラスとスサノオの対立

高天原で暴れるスサノオに腹を立て、
アマテラスは天岩戸にこもる。

父イザナギに地上を追われたスサノオは、姉アマテラスに別れを告げようと、姉の治める高天原へ向かった。そこで待ち受けていたのは、高天原をうばいにきたと思って武装したアマテラスだった。

スサノオは、誓約という占いでアマテラスと持ち物を交換して子を生み、誤解をとこうとした。スサノオの剣からは宗像三女神（→P160）、アマテラスの玉からはアメノオシホミミ（→P78）ら5男神が生まれた。

③

④

誓約で女神を生んだことで誤解がとけ、スサノオは高天原でくらしはじめた。しかし、暴れまくったあげく、馬を投げこんで機織女を死なせてしまった。

アマテラスはスサノオの乱暴にあきれはてて、天岩戸に閉じこもってしまった。太陽神アマテラスが隠れたことで、世界は闇に包まれ、あらゆる災いがあふれた。

⑤

ヤゴコロオモイカネ（➡P48）がアメノフトダマ（➡P55）らほかの神々を指揮し、アマテラスを外に出す作戦が実行された。八咫鏡と八尺瓊曲玉をささげ、祝詞でアマテラスをほめたたえた。次にアメノウズメが情熱的に踊ると、神々は大笑いした。

⑥

アマテラスは、自分がいないのになぜ楽しそうなのか不思議に思い、戸を少し開けてのぞくと、八咫鏡に自分の顔が映った。もっとよく見ようと身を乗り出すと、アメノタヂカラオ（➡P52）が手を取って外に引き出した。こうして世界に光が戻り、スサノオは地上界に追放された。

57

# 高天原はどこ？

## 日本神話の世界観

　日本神話の世界は、高天原（天上界）、葦原中国（地上界）、黄泉の国（地下世界）に大きく分かれている。高天原は神々が住む世界で、アマテラス（→P40）が治める。葦原中国は、神と人が住む世界で、日本の国土とされる。ここはオオクニヌシ（→P60）が治めていたが、アマテラスにゆずられた。黄泉の国は、死後のイザナミ（→P30）が支配する死者の世界で、スサノオ（→P46）の住む根の国もこれと同じとされる。

　海にはオオワタツミ（→P102）の宮殿があり、海の彼方には常世の国がある。常世の国は、不老不死の理想郷などと考えられている。

| | | |
|---|---|---|
| 常世の国（理想郷） | 高天原（神々の住む天上界）<br>葦原中国（神と人の住む地上界）<br>海（オオワタツミの宮殿がある）　黄泉の国・根の国（死者の住む地下世界） | 常世の国（理想郷） |

## 高天原は実在する！？

　神話の高天原は天上界だが、日本各地に高天原とされる場所がある。その1つ、宮崎県高千穂町にはアマテラスが閉じこもった天岩戸や、神々が集まってアマテラスを誘い出す作戦を立てた天安河原とされる場所がある。なお、高千穂は、ニニギ（→P96）が高天原から降り立った場所ともいわれている。

宮崎県高千穂町の天安河原。大きな洞窟の中に、「天岩戸隠れ」を指揮したヤゴコロオモイカネ（→P48）などがまつられている。

# 二章
# 地上の神々

葦原中国の神々によって豊かな国がつくられ、高天原の神々にゆずられる。高天原から地上に降りた神の子孫が日本の基礎を築いていった。

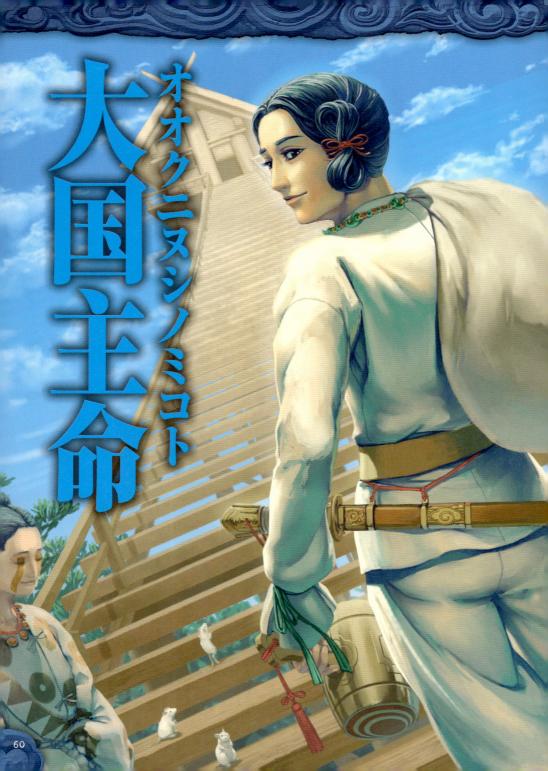

# 大国主命

オオクニヌシノミコト

二章

## 地上の国づくりをした偉大な神

　葦原中国を開発・整備して治めた神。大国主とは、「大いなる国土の王」という意味だ。多くの妻をもったことから、縁結びの神としても人気が高い。

　オオクニヌシは、心優しい美男子だが、兄神たちからいじめられる頼りない青年だった。それが、カミムスビ（➡P20）やスセリビメ（➡P70）らに助けられ、数々の試練を乗りこえて地上の大王となった。

　その後、スクナヒコナ（➡P72）らとともに、人々に農業技術や医療などを広め、豊かな国をつくった（➡P76）。しかし、アマテラス（➡P40）から求められて、国を高天原の神々にゆずり、出雲大社（島根県出雲市）に移り住んだ（➡P108）。

| データ | |
|---|---|
| 別名 | 大己貴命、大物主神、八千矛神、大黒天 |
| 神格 | 国づくり、縁結び、農業、商業、医療 |
| 特徴 | 国土を開拓した恋多き美男子 |
| ご利益 | 縁結び、夫婦円満、産業繁栄、商売繁盛など |
| 神社 | 出雲大社（島根県）、大神神社（奈良県）そのほか各地の出雲系神社など |

建国の神

## 神々の外伝

# 大国主命
### オオクニヌシノミコト

## その1 オオクニヌシをまつる出雲大社

出雲大社（島根県出雲市）は、「国ゆずり」神話で、オオクニヌシが葦原中国を高天原へゆずるかわりに、自分の宮殿として建てさせたのがはじまりといわれる。現在の本殿の高さは24mだが、古代にはその倍の48mもあったとされる。

「国ゆずり」神話で、アマテラスの子アメノホヒ（➡P82）が、オオクニヌシを説得にくる。出雲大社の宮司は、そのアメノホヒの子孫が務めている。

出雲大社本殿。「大社造」という日本最古の神社建築様式で建てられている。

「出雲の大社八百萬神どふけあそび」。毎年10月には全国の神々が出雲に集まり、縁結びの相談をするという。そのため、10月を「神無月」というが、出雲地方では「神在月」という。

## その2 恋多きオオクニヌシ

オオクニヌシは、恋多き美男子として知られている。ヤガミヒメやスセリビメ（→P70）、ヌナカワヒメ、タゴリヒメ（→P160）など、6人の妻をもち、タケミナカタ（→P90）やコトシロヌシ（→P92）など181の子をもうけた。

妻の中でも、スセリビメは嫉妬深いことで有名だ。ヤガミヒメは、嫉妬を恐れるあまり、わが子を殺して実家へ帰ってしまうほどだった。オオクニヌシも、スセリビメと距離を置こうとして大和（奈良県）へ逃げようとした。しかし、このときスセリビメと和歌を交わし合い、愛を確かめ合って仲直りし、それからは仲良くくらしたという。こうしたことから、オオクニヌシは縁結びの神として人気が高い。

駅前海望公園のヌナカワヒメとタケミナカタ像（新潟県糸魚川市）。ヌナカワヒメは美しいヒスイの女神だ。

## その3 オオクニヌシとオオモノヌシ

出雲で国づくりのパートナーだったスクナヒコナ（→P72）は、完成前に突然、常世の国へ帰ってしまう。オオクニヌシは、これからどうしたらいいのか途方にくれた。

そんなときに現れたのがオオモノヌシである。海原を光り輝きながらやってきたオオモノヌシは、自分を大和（奈良県）の三輪山にまつれば、一緒に国づくりを完成できると言った。こうして、オオモノヌシは三輪山にまつられることになったが、この神はオオクニヌシの分身とされている。また、オオモノヌシはのちにヤマトトトヒモモソヒメ（→P114）と結婚している。

# クシナダヒメノミコト
# 櫛名田比売命

## スサノオと結婚した稲田の女神

　稲作の女神でスサノオ（→P46）の妻。名前の「櫛名田」は稲がたくさん実った美しい田を表す。

　出雲国の簸川（島根県斐伊川）上流に住むクシナダヒメは、頭と尾を8つずつもつ恐ろしい八岐大蛇に食べられそうになっていた。これを聞いたスサノオは、クシナダヒメを櫛に変えて自分の髪にさし、八岐大蛇と戦ってついに退治した。八岐大蛇は、洪水で美しい田（クシナダヒメ）を荒らす斐伊川を表しているとも考えられている。

　その後、クシナダヒメはスサノオと結婚し、オオクニヌシ（→P60）の祖先となった。

### データ

農業の神

| | |
|---|---|
| 別名 | 稲田姫命 |
| 神格 | 稲田 |
| 特徴 | 美しく実った田の象徴 |
| ご利益 | 稲作守護、縁結び、夫婦円満、子宝・安産 |
| 神社 | 氷川神社（埼玉県）、八重垣神社、須我神社（島根県）など |

### 神々の外伝

　須我神社（島根県雲南市）は、スサノオとクシナダヒメがくらした宮殿に由来するという。また、宮殿を建てるとき、スサノオがよんだ「八雲立つ 出雲八重垣 妻ごみに 八重垣つくる その八重垣を」という歌は、和歌のはじまりとされている。

須我神社奥宮の夫婦岩。3つの岩はスサノオとクシナダヒメ、その子神とされる。

# 白兎神
## ハクトシン

### オオクニヌシが助けたウサギの神

「因幡の白兎」の神話で知られる白いウサギの神。この神話で、白兎は、だましたワニ（サメ）たちの怒りをかい、丸裸にされて泣いていた。そこに、ヤガミヒメに会いに行く途中のオオクニヌシ（→P60）が通りかかり、「体を川の水で洗い、蒲という草の穂で体をつつむとよい」と教えた。そのとおりにすると、体が元にもどった。元気になった白兎は、オオクニヌシとヤガミヒメが結婚することを予言した。白兎はハクトシンという神だったのだ。

この神話から、ハクトシンは麻疹や切り傷などを治してくれる神、縁結びの神としてまつられている。

### 神々の外伝

ハクトシンをまつる白兎神社は、鳥取県鳥取市の白兎海岸のそばにある。ハクトシンは、オオクニヌシとヤガミヒメとの結婚を予言したことから縁結びの神とされ、神社は「恋人の聖地」とよばれている。

白兎神社

二章

| データ | | |
|---|---|---|
| 別名 | 稲羽之素兎 | |
| 神格 | 傷病治癒、縁結び | |
| 特徴 | オオクニヌシの結婚を予言 | |
| ご利益 | 五穀豊穣、無病息災、子孫繁栄など | |
| 神社 | 白兎神社（鳥取県）、伊奈西波岐神社（島根県） | |

医薬の神

## 神々の外伝

キサガイヒメとウムギヒメは、出雲大社（島根県出雲市）の主祭神オオクニヌシの命を救った。それで、出雲大社の境内にある天前社でまつられている。

天前社（神魂伊能知比売神社）

# キサガイヒメ・ウムギヒメ
# 蚶貝比売・蛤貝比売

## オオクニヌシを生き返らせた女神たち

　オオクニヌシ（→P60）を生き返らせた貝の女神。キサガイは赤貝、ウムギは蛤のことだ。

　オオクニヌシは、兄神たちにだまされて焼けた岩を受けとめ、大やけどして死んだ。そこで、この女神たちがカミムスビ（→P20）によって地上界につかわされた。キサガイヒメは貝がらをけずって粉にし、ウムギヒメは蛤の白い汁でその粉をねりオオクニヌシの体にぬった。すると、オオクニヌシが生き返ったという。

　2神は神秘的な力でけがを治したことから、呪術、治療の神とされる。また、貝の女神なので、水産・漁業の守り神としてもまつられている。

## データ

**呪術の神**

| | |
|---|---|
| 別名 | 支佐加比比売命・宇武賀比売命 |
| 神格 | 健康・長寿、怪我・病気平癒 |
| 特徴 | オオクニヌシをよみがえらせた貝の女神 |
| ご利益 | 病気治癒、子宝・安産など |
| 神社 | 出雲大社天前社、加賀神社（島根県）、岐佐神社（静岡県）など |

二章

# 須勢理毘売命
## スセリビメノミコト

### オオクニヌシと結婚し夫の危機を救った女神

　スサノオ（→P46）の娘で、オオクニヌシ（→P60）の妻となった女神。名前に「進む」という意味のスセリとつくように、積極的な性格で、嫉妬深いことで知られる。

　スセリビメは、父スサノオが支配する根の国に逃げてきたオオクニヌシに一目ぼれし、すぐに結婚した。これに反対する父が、オオクニヌシにさまざまな試練をあたえると、夫に領巾という長い布などを渡して危機を救った。その後、オオクニヌシと地上界へ逃げ出すときに、はじめてスサノオから結婚を認められたという。

　オオクニヌシに渡した領布は魔除けの力がある。スセリビメは、そうした魔除けの道具をあやつるまじないの女神とされる。

### データ

呪術の神

| | |
|---|---|
| 別名 | 和加須世理比売命 |
| 神格 | 危難除け、厄除け |
| 特徴 | 積極的で行動的 |
| ご利益 | 厄除け・夫婦円満 |
| 神社 | 出雲大社摂社御向社（島根県） |

## 神々の外伝

スサノオにヘビやムカデなどのいる部屋に入れられたオオクニヌシは、スセリビメから渡された領巾をふってそれらを追いはらった。領巾は女性が肩から左右にたらす長い布で、天女の身につける羽衣もこの一種だ。

三保の松原（静岡県）の天女の羽衣伝説をえがいた木村武山画「羽衣」（一部）

## オオクニヌシの国づくりを助けた小さな神

　オオクニヌシ（➡P60）とともに地上の「国づくり」（➡P76）を進めた小さな神。「少」とは「小さい」という意味だ。

　スクナヒコナは、蛾の皮のコートをはおり、小舟に乗って海の彼方の常世の国から出雲国（島根県）のオオクニヌシのもとへやってきた。そして親神のカミムスビ（➡P20）から、オオクニヌシの義兄弟となり国づくりを助けるように命じられた。

　スクナヒコナは、オオクニヌシと各地を周り、川や農地を開発して農業を教え、医療などを広めた。そのため、農業や医薬などの神とされる。

　そうして、小さくても元気いっぱいにオオクニヌシを助けた。しかし、国づくりの完成直前、粟の茎にはじかれて常世の国へ飛んで帰ってしまった。

農業の神

別名　少名毘古那神
神格　穀物、医薬、酒造、温泉
特徴　小さな体でオオクニヌシをサポートする
ご利益　疫病除け、国土安穏、産業開発、縁結び、漁業・航海守護など
神社　少彦名神社（大阪府）、酒列磯前神社（茨城県）、淡嶋神社（和歌山県）など

二章

## 神々の外伝

# 少彦名命
### スクナヒコナノミコト

## その1 温泉で病気をいやす

　スクナヒコナは、オオクニヌシ（➡P60）と国づくりを進めながら、温泉が病気やけがを治す効果があることを広めた。

　2神が伊予国（愛媛県）を訪れたとき、スクナヒコナが病気で倒れてしまった。オオクニヌシは、大分の速見の湯（別府温泉）から温泉をひき、この湯にスクナヒコナをつからせた。すると、やがて病気が治ったという。

　これが、愛媛県松山市の道後温泉のはじまりとされる。道後温泉にある「玉の石」には、元気になったスクナヒコナがつけたという足跡が残っている。

スクナヒコナ（左下）は道後温泉につかって元気になり、石の上で踊ったという。

## その2 医術や薬を広める

スクナヒコナは、オオクニヌシとともに、人や家畜に対する医療や薬、「百薬の長」ともいわれる酒づくりも広めた。このことから、医薬・酒の神ともされている。

大阪府大阪市の道修町は、古くから薬問屋が集まる町として知られる。ここにある少彦名神社では、スクナヒコナと一緒に「神農神」がまつられている。神農神は中国の医薬の神で、365種類の薬草を発見したという。日本でも薬店の守り神として信仰され、同じ医薬の神であることから、ともにまつられた。

また、胃薬になるセッコクという薬草は、この神にちなんで、昔は少彦薬根とよばれた。

たくさんの草をなめて効能を調べたという神農神。「神農氏像」。

## その3 一寸法師のモデル？

スクナヒコナは、体は小さいながらも、オオクニヌシを助けて国づくりという大事業を進めた。その姿は、小さな体で大きな鬼を退治した昔話の一寸法師の原型といわれる。

一寸法師以外にも、さまざまな昔話でとても小さな子が大活躍している。日本では昔から、小さいものの中にこそ大きなものが宿り、小さな子には、人間のけがれを吸い取る力があると考えられてきた。スクナヒコナの姿はその代表ともいえる。

『御伽草子』にえがかれた一寸法師。スクナヒコナはガガイモという草のさやを舟にしたが、一寸法師はおわんを舟にした。

## 神話ダイジェスト

# オオクニヌシの国づくり

オオナムチは数々の試練を乗りこえ、
オオクニヌシとなって地上を整備する。

オオナムチ（のちのオオクニヌシ）は、ハクトシン（➡P66）の予言どおり、ヤガミヒメと結婚することになる。しかし、これをねたんだ兄神たちは、焼いた大岩をぶつけてオオナムチを殺す。

オオナムチの母神の頼みで、キサガイヒメとウムギヒメ（➡P68）が薬を作ってオオナムチを生き返らせる。しかし、再び兄神たちに殺される。

母神はまたオオナムチを生き返らせ、木国（和歌山県）へ逃がす。しかし、兄神たちに追われ、スサノオ（➡P46）の支配する地下の根の国（死者の国）へ逃げこむ。

オオナムチは、そこで出会ったスサノオの娘スセリビメ（➡P70）と結婚する。スサノオはオオナムチの力を試すため、さまざまな試練をあたえる。

スセリビメやネズミに助けられて試練を乗りこえ、オオナムチはスセリビメとともに根の国から逃げ出す。去っていくオオナムチに、スサノオは葦原中国（地上）を治める力とオオクニヌシの名を授けた。

故郷に戻ったオオクニヌシは、兄神たちを追いはらい、スクナヒコナ（➡P72）と国づくりに取りかかった。2神で全国をめぐって田畑を開き、農業や医療などを広めた。オオモノヌシ（➡P63）にも助けられ、ついには豊かな国を完成させた。

77

## 神々の外伝

　この神はスサノオとの「誓約(うけひ)」で、アマテラスの玉から生まれたとされる（→P56）。別名は「正哉吾勝勝速日天之忍穂耳命(まさかあかつかつはやひあめのおしほみみのみこと)」ととても長い。これは、誓約(うけひ)に勝って大喜(おおよろこ)びしたスサノオが、「まさに私の勝ちだ！　太陽が昇(のぼ)るように速く勝った」という意味で名付けたという。

# 二章 アメノオシホミミノミコト 天忍穂耳命

## 天孫降臨を断ったアマテラスの子の男神

アマテラス（→P40）の長男で農業の神。忍穂耳とは「大きく実った稲穂」を表す。妻のタクハタチヂヒメ（→P228）は、アマテラスとならぶ高天原の支配神タカミムスビ（→P18）の娘。アメノオシホミミは、まさに高天原のエリートである。

アメノオシホミミは、アマテラスから、地上界を治めるよう命じられる。しかし、高天原から見下ろした地上界は、悪い神がのさばる荒々しい世界だった。がっかりしたアメノオシホミミは地上行きをやめた。

その後、平和になった地上の支配権がオオクニヌシ（→P60）から高天原へゆずられることになった。アメノオシホミミは再び地上に降りるよう命じられた。しかし、息子ニニギのほうがその役にふさわしいとして、これを断り、ニニギに行かせた（→P108）。

### データ

農業の神

| | |
|---|---|
| 別名 | 正哉吾勝勝速日天之忍穂耳命 |
| 神格 | 稲穂、農業 |
| 特徴 | 天孫降臨を息子にゆずる |
| ご利益 | 農業・鉱工業、勝運招福、諸願成就など |
| 神社 | 阿賀神社（滋賀県）、英彦山神宮（福岡県）など |

## データ

**農業の神**

| 別名 | 天若日子命 |
| --- | --- |
| 神格 | 穀物 |
| 特徴 | 国ゆずり第2の使者 |
| ご利益 | 産業振興、農業守護 |
| 神社 | 我孫子神社（滋賀県）、石座神社（愛知県） |

## 神々の外伝

悲劇の美青年アメノワカヒコは、人気があったので、多くの昔話に登場している。その1つ「天稚彦草子（七夕のさうし）」では、妻の織姫に七夕の日にしか会うことができない彦星としてえがかれている。

「七夕のさうし」の彦星（左・アメノワカヒコ）と織姫（右下）。

二章

## アメノワカヒコノミコト
# 天稚彦命

### 「国ゆずり」の使命をはたさなかった美しい神

「国ゆずり」（➡P108）の使者として、アメノホヒ（➡P82）の次に高天原（たかまがはら）から地上へ送られた神。名は「天上の若い男」という意味で、美しい青年として知られている。

アメノワカヒコは、オオクニヌシ（➡P60）に地上の国をゆずるよう説得（せっとく）しにきた。しかし、オオクニヌシの娘（むすめ）と結婚（けっこん）し、その後継者（こうけいしゃ）になる野心をいだいて使命をはたそうとしなかった。

さらに、アマテラス（➡P40）が雉鳥（きじどり）にようすを見に行かせると、アメノワカヒコはこれを矢で射殺（いころ）した。この矢は高天原（たかまがはら）に届（とど）き、タカミムスビ（➡P18）が「反逆（はんぎゃく）の心があるなら、この矢が災（わざわ）いをあたえるだろう」と言って矢を地上界に投げ返した。すると、その矢が胸（むね）にささり、アメノワカヒコは死んでしまった。

81

# アメノホヒノミコト
# 天穂日命

## 高天原から送られた「国ゆずり」第1の使者

「誓約」(→P56)でアマテラスの玉から生まれた農業の神。オオクニヌシ(→P60)に国をゆずらせる最初の交渉役として、高天原から地上に降りた。しかし、オオクニヌシと仲良くなり、役目を投げだして何年も地上でくらした。こうして最初の交渉は失敗に終わったという。

これとは逆に、自分の息子やフツヌシとともに悪い神を倒し、見事に地上を平定したという説も伝わる。

### データ

農業の神

| | |
|---|---|
| 別名 | 天之菩卑能命 |
| 神格 | 農業、稲穂 |
| 特徴 | 「国ゆずり」第1の使者 |
| ご利益 | 農業守護、国土開発、産業振興、出世開運など |
| 神社 | 桐生天満宮(群馬県)、天穂日命神社(鳥取県)など |

# 天探女
## アメノサグメ

二章

## 「国ゆずり」で高天原に逆らった天邪鬼の女神

　鳥や動物の言葉を聞くことができる女神。「国ゆずり」（→P108）で、アマテラスが送った雉鳥の言葉を正しく伝えず、不吉だから殺せとアメノワカヒコ（→P80）をそそのかした。その結果、雉鳥を射殺したアメノワカヒコも死ぬことになる。
　こうして神の声をねじまげて伝え、不幸をもたらすことから、魔女のような神とされる。昔話「瓜子姫」に出てくる天邪鬼は、この女神がモデルといわれている。

### データ

呪術の神

- 別名　天邪鬼
- 神格　占い
- 特徴　高天原に反逆した
- ご利益　厄ばらい
- 神社　平間神社（和歌山県）、比売古曽神社（大阪府）

# タケミカヅチノミコト
# 武甕槌命

## 高天原の軍事力を示す「正義の剣」の神

　茨城県鹿嶋市の鹿島神宮にまつられ、「鹿島神」の名で知られる剣の神。「神生み」（→P36）で、イザナギが切り殺した火の神カグツチ（→P146）の血から生まれた。名の「甕槌」は、雷という意味。昔の人は、空を切りさくように落ちる稲妻を鋭い剣に見立てたことから、雷神でもある。

　タケミカヅチは、「国ゆずり」（→P108）でオオクニヌシ（→P60）に国をゆずらせた。また、「神武東征」（→P122）では、霊剣フツノミタマを送ってカムヤマトイワレビコ（→P110）を助けた。このように高天原の軍事力を示す「正義の剣」の神として、重要な役割をはたしたのだ。高天原最強の武神とされ、剣術や武道の神として人気が高い。

### データ

武神

| | |
|---|---|
| 別名 | 鹿島神、布都御魂神 |
| 神格 | 剣、武勇、軍事、雷 |
| 特徴 | 高天原最強の武神 |
| ご利益 | 武道上達、国家安泰、安産、延命長寿など |
| 神社 | 鹿島神宮（茨城県）、春日大社（奈良県）そのほか各地の鹿島神社、春日神社など |

二章

## 神々の外伝

昔の人は、地震は地下にいる大ナマズがあばれておきると思っていた。タケミカヅチは、その大ナマズを押さえて地震を防ぐ神ともされている。この神をまつる鹿島神宮（茨城県鹿嶋市）にはナマズを押さえつけるという巨岩「要石」がある。

「鯰を押える鹿島大名神」
東京都立中央図書館蔵

# 神使とは？

## 神の意志を伝える

日吉大社（滋賀県大津市）の神猿（➡P182）など、神社には神の使いとして大切にされている動物がいる。これらを「神使」「けん属」などという。神使は、神の意志を人に伝える役目をもっている。

神使とされる生き物は、動物や鳥から、魚や貝、は虫類や虫までさまざまだ。そのほとんどは、神社でまつっている神や神社の由来にゆかりがある。また、狛犬（➡P135）の代わりに神使の像が置かれていることも多い。

### キツネ

伏見稲荷大社（京都府京都市）のキツネ像。キツネは稲荷神（ウカノミタマ➡P192）の神使として有名だ。

### シカ

奈良公園のシカ。茨城県鹿嶋市の鹿島神宮からタケミカヅチ（➡P84）を奈良県奈良市の春日大社へ招いたときに、白いシカに乗ってきたと伝わることから、これらの神社ではシカを神使としている。春日大社のある奈良公園にシカが多いのはそのためだ。

### ヘビ

白蛇弁財天（栃木県真岡市）のヘビ像。水神の弁財天（イチキシマヒメ➡P160）はヘビを神使としている。

### ネズミ

大豊神社（京都府京都市）のネズミ像。ネズミはオオクニヌシ（→P60）のピンチを救ったことから、その神使とされている。

### ウシ

太宰府天満宮（福岡県太宰府市）のなで牛像。太宰府天満宮は、菅原道真（→P242）の遺体を運んだ牛が止まったところに建てた墓がはじまりとされることから、牛が道真の神使になったという。このなで牛像をなでると病気が治るといわれる。

### ハト

三宅八幡宮（京都府京都市）の狛鳩。八幡神（ホンダワケ→P128）が金色の鳩に化けたことから、その神使になったという。

### ウマ

多度大社（三重県桑名市）の神馬（神聖な馬）。ウマは、古くからさまざまな神の乗り物とされてきた。伊勢神宮など、今も境内で神馬を飼育している神社がある。

## データ

**別名** 香取神（かとりのかみ）、伊波比主命（いわいぬしのみこと）

**神格** 剣（けん）、武勇（ぶゆう）、軍事（ぐんじ）

**特徴** 霊剣（れいけん）フツノミタマで悪霊（あくりょう）をはらう

**ご利益** 開運招福（かいうんしょうふく）、厄除（やくよ）け、延命長寿（えんめいちょうじゅ）、つき物ばらい、安産（あんざん）、殖産興業（しょくさんこうぎょう）など

**神社** 香取神宮（かとりじんぐう）（千葉県（ちばけん））、春日大社（かすがたいしゃ）（奈良県（ならけん））そのほか各地の香取神社（かとりじんじゃ）、春日神社（かすがじんじゃ）など

武神（ぶしん）

二章

## フツヌシノミコト
# 経津主命

### 霊剣フツノミタマの神霊とされる剣の神

　霊剣フツノミタマにちなむ名前をもつ剣の神。フツノミタマには、悪霊をはらう力があることから、この神は災いを防ぐとされる。

　タケミカヅチ（→P84）も同じフツノミタマの神霊であることから、フツヌシとタケミカヅチは同じ神とされることもある。同じ剣に名前のちがう2神が宿るとされたのは、2つの有力氏族がそれぞれ別の神としてまつったからだと考えられている。

　フツヌシをまつる神社の総本社である香取神宮（千葉県香取市）は、タケミカヅチをまつる神社の総本社である鹿島神宮と、わりと近い距離にある。鹿島神宮では12年ごとに「御船祭」を行い、2神が再会して地域が発展するよう願っている。

### 神々の外伝

　室町時代中期、武将飯篠家直は香取神宮で修行中、フツヌシの力を感じて剣法の奥義を得たという。これが現存最古の武道「天真正伝香取神道流」のはじまりとされ、近世の香取神宮は武道の道場としても知られた。

香取神道流の型

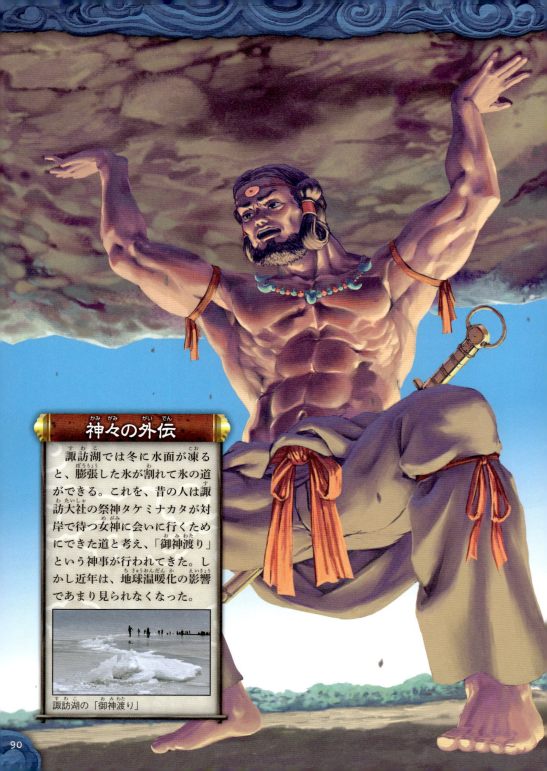

## 神々の外伝

諏訪湖では冬に水面が凍ると、膨張した氷が割れて氷の道ができる。これを、昔の人は諏訪大社の祭神タケミナカタが対岸で待つ女神に会いに行くためにできた道と考え、「御神渡り」という神事が行われてきた。しかし近年は、地球温暖化の影響であまり見られなくなった。

諏訪湖の「御神渡り」

# 二章

## 建御名方神
### タケミナカタノカミ

**諏訪湖ゆかりの狩猟・農業・武勇の神**

オオクニヌシ(→P60)の子で、力自慢の武神。タケミナカタは、「国ゆずり」(→P108)に反対し、高天原からきたタケミカヅチ(→P84)と力比べをするが、負けて出雲国(島根県)から逃げ出す。しかし、信濃国(長野県)の諏訪湖あたりでタケミカヅチにつかまってしまう。タケミナカタは、この地から出ないことを条件に、ようやく許してもらったという。

その一方、長野県諏訪地方では、タケミナカタは諏訪湖の竜神など、土地の悪い神々を倒した英雄神とされる。特に鎌倉時代以降になると、武勇に優れていたため、武士の守護神としてあがめられた。また、「お諏訪さま」ともよばれ、地元の人々の生活に関係した狩りや風、田の神などとしても信仰を集めている。

### データ

**武神**

| | |
|---|---|
| 別名 | 武南方神、諏訪神 |
| 神格 | 狩猟、農耕、軍事、五穀豊穣 |
| 特徴 | 「国ゆずり」に反対した力自慢の神 |
| ご利益 | 五穀豊穣、国土安穏、盛業繁栄、交通安全、開運長寿、武運長久など |
| 神社 | 諏訪大社(長野県)そのほか各地の諏訪神社 |

# コトシロヌシノミコト
# 事代主命

## 神の言葉を伝えるお告げの神

　オオクニヌシ（➡P60）の長男でお告げの神。名前の「事」は「神の言葉」、「代」は「代理」という意味で、神の代わりに言葉を伝える存在だったともいわれる。

　コトシロヌシは、「国ゆずり」（➡P108）のとき、父オオクニヌシから命じられ、国をゆずるべきか、カミムスビ（➡P20）の意志を聞いた。その結果、高天原に国をゆずることが決まった。その後、コトシロヌシは海中に隠れたという。

　コトシロヌシは、もともとは海からやってくる漁業や航海の守り神だったと考えられている。それに加えて釣りが好きなことから七福神の「えびす神」としてまつられることも多い。

# 神々の外伝

# 事代主命
## コトシロヌシノミコト

## その1 「国ゆずり」神話にちなむ美保神社

コトシロヌシは、福の神「えびす神」とされている。七福神のえびすは、鯛と釣り竿を抱えた姿でえがかれることが多い。これはコトシロヌシが釣り好きだったことにちなむという。

島根県松江市美保関町の美保神社は、そのコトシロヌシをえびす神としてまつる神社の総本社だ。「国ゆずり」神話（➡P108）で高天原からタケミカヅチ（➡P84）が交渉にきたとき、オオクニヌシ（➡P60）は、美保関の海で釣りをしていたコトシロヌシに、諸手船で使者を送った。コトシロヌシは、国ゆずりを受け入れると海の青柴垣（神域を示す青い柴の垣根）の中へ隠れたという。美保神社では、この神話にちなんだ諸手船神事や青柴垣神事が行われている。

美保神社の青柴垣神事。毎年4月7日に行われ、色とりどりののぼりを立て、青柴垣を飾りつけた御船が神社前の浜から沖合に出てオオクニヌシを迎える。

## その2　商業の神「えべっさん」として親しまれる

　大阪府大阪市の今宮戎神社も、コトシロヌシをえびす神としてまつる神社として有名だ。
　江戸時代ごろから、大阪が商業都市として大きく発展すると、今宮戎神社は「えべっさん」とよばれ、大阪商人の守り神とされた。
　1月10日前後に行われる「十日戎」という祭には、商売繁盛や幸福を願い、100万人以上がおしかける。

今宮戎神社の十日戎。福を招く縁起物として、小判などを飾った福笹が授けられる。

## その3　えびす神は2神いる!?

　コトシロヌシのほかに、ヒルコ（→P34）もえびす神とされている。幼いころ、親神のイザナギとイザナミによって海に流されたヒルコは、やがて今の兵庫県西宮市の海岸に流れ着き、のちにえびす神としてまつられるようになったとされる。
　「えびす」とは、はるか彼方から訪れた神をさし、幸福を運んでくると考えられてきた。そのため、海からやってきたヒルコや、海の中へ隠れたコトシロヌシが、えびす神とされたと考えられる。
　西宮市の西宮神社は、ヒルコをえびす神としてまつる神社の総本社だ。

室町時代から西宮神社の人形芝居「えびすかき」が全国をまわり、えびす信仰が広まった。今も伝統芸能として続いている。

## 神々の外伝

高千穂峰（宮崎県高原町）の山頂部には、ニニギが地上界の平定を願って突き立てたと伝わる「天逆鉾」がある。新婚旅行にきた幕末の志士坂本龍馬が「ためしに引き抜いてみた」と手紙に書いたことでも知られる。

天逆鉾

二章

# ニニギノミコト
# 邇邇芸命

### 稲作をもたらし、天皇家の祖先とされる神

アマテラス（➡P40）の孫で地上に稲作をもたらした神。名前の「邇邇芸」は、「稲穂が豊かに実っている」ことを表している。

ニニギは、葦原中国を治めるため、アマテラスから「高天原で栽培した神聖な稲穂」と「三種の神器」（➡P43）を授かり高天原から地上に降りたという（➡P108）。

日向の高千穂峰（宮崎県という説が有力）に降り立ったニニギは、その後コノハナノサクヤヒメ（➡P172）と結婚し、三つ子をもうけた。その中のヒコホホデミ（➡P100）の孫が神武天皇（➡P110）となったことから、天皇家の祖先神とされる。また、「三種の神器」は天皇の証となったといわれる。

農業の神

| データ | |
|---|---|
| 別名 | 天邇岐志国邇岐志天津日高日子番能邇邇芸命 |
| 神格 | 稲穂、農耕 |
| 特徴 | 高天原から地上に降りて天皇家の祖先となる |
| ご利益 | 五穀豊穣、国家安泰、家内安全、厄除けなど |
| 神社 | 霧島神宮、新田神社（鹿児島県）、高千穂神社（宮崎県）など |

# サルタヒコノミコト
# 猿田彦命

## ニニギの道案内をした天狗の元祖

　ニニギが「天孫降臨」（➡P108）したときに道案内をした地上の神。身長約12.6m、鼻の長さが約1.2mあったともいい、その姿から天狗の元祖ともいわれている。

　サルタヒコは、口とおしりを明るく光らせ、丸くて大きな目は赤く輝かせながら、天と地の間にある分かれ道でニニギ一行を出迎えた。そして、道案内を無事に終えると故郷の伊勢国（三重県）に帰り、アメノウズメ（➡P208）と結婚した。しかし、漁をしていたとき、貝に手をはさまれ、おぼれて死んだという。

　道案内を務めたことから、のちにサルタヒコは「道祖神」として各地でまつられた。現代では、道ばたで人々を守る交通安全の神ともされている。

二章

## データ
### 道案内の神

- **別名** 猿田毘古神、道祖神
- **神格** 道案内・塞の神
- **特徴** 天狗の元祖とされる
- **ご利益** 災難・方位除け、延命長寿、縁結び、商売繁盛など
- **神社** 椿大神社（三重県）、白髭神社（滋賀県）など

## 神々の外伝

悪霊の侵入を防ぐ道の神として、村の境界などに置かれた石像や石碑を道祖神という。災厄防止や子孫繁栄などを祈る守り神「塞の神」ともされてきた。

男女の像をきざんだ道祖神。

# 彦火火出見命
## ヒコホホデミノミコト

### 山海の恵みをもたらしくらしを豊かにする神

ニニギ（→P96）とコノハナノサクヤヒメ（→P172）との間に生まれた3兄弟の末っ子。名前の「火」は、母が燃え上がる火の中でヒコホホデミらを生んだことにちなむ。また、「火」は「穂」と音が同じなので、稲穂が実るという意味もある。

ヒコホホデミは山幸彦ともいい、「海幸・山幸」（→P109）の神話で知られる。この神は、オオワタツミ（→P102）の娘トヨタマヒメ（→P104）と結婚し、潮をあやつる玉で兄の海幸彦をやっつけた。この話は、もともともっていた山を支配する力に加え、海を支配する力も手に入れ、地上界の王になったことを意味する。ヒコホホデミは、農業と漁業両方の守り神となったのである。

**データ**

農業の神

| | |
|---|---|
| 別名 | 山幸彦、火遠理命 |
| 神格 | 穀霊、稲穂 |
| 特徴 | 山と海を支配 |
| ご利益 | 農漁業守護、商売繁盛、厄除け、航海安全など |
| 神社 | 若狭彦神社（福井県）、鹿児島神宮（鹿児島県）など |

## 神々の外伝

宮崎県宮崎市の青島は、海底の宮殿から地上へ戻ったヒコホホデミが最初に上陸した地と伝わる。このとき、人々が服を着るひまもなく裸で出迎えたという伝説にちなみ、今も毎年1月に裸で海に入ってみそぎをする「青島裸まいり」が行われている。

青島裸まいり（宮崎県宮崎市）

二章

## 神々の外伝

長崎県対馬市にある和多都美神社は、オオワタツミが建てた宮殿「海宮」がはじまりという。ヒコホホデミはここで3年を過ごし、トヨタマヒメと結婚したと伝わる。

和多都美神社（長崎県対馬市）

# 二章

## 大綿津見神
### オオワタツミノカミ

### 海のすべてをつかさどる神

　イザナギとイザナミの「神生み」（➡P36）で生まれた海の神。名前は「大きな（オオ）海（ワタ）の（ツ）神霊（ミ）」という意味だ。オオワタツミは、海の水から海にすむ魚などの生き物まで、海のすべてをつかさどっている。

　オオワタツミという名前は、神話には生まれたときにしか出てこない。しかし、「海幸・山幸」（➡P109）の神話に登場する「海神」は、オオワタツミのことだと考えられている。この話で、オオワタツミは海底の宮殿に住み、潮の満ち干きをあやつる玉を山幸彦（ヒコホホデミ➡P100）にあたえた。また、トヨタマヒメ（➡P104）とタマヨリヒメ（➡P107）という美しい姉妹の父親でもある。宮殿や美しい娘は、昔話「浦島太郎」の龍宮城や乙姫の原型とされている。

### データ

**海の神**

| | |
|---|---|
| 別名 | 綿津見神、海神 |
| 神格 | 海 |
| 特徴 | 水から生き物まで海のすべてをつかさどる |
| ご利益 | 海上安全、漁業繁栄、家内安全、病気平癒、学業成就など |
| 神社 | 沼名前神社（広島県）、渡海神社（千葉県）など |

103

# トヨタマヒメノミコト
# 豊玉姫命

### 夫のヒコホホデミを海神の霊力で王にした女神

海の神オオワタツミ（➡P102）の娘で、名前は「美しい女性」という意味だ。海底の宮殿にやってきたヒコホホデミ（➡P100）と結婚し、海神の力を授けて地上界の国王とした。このことから、出世や開運をもたらす福の神とされる。

夫のヒコホホデミが兄をこらしめるために地上へ戻った後、トヨタマヒメは、夫の子を生むために地上に上がった。そして海辺に小屋を建て、ウガヤフキアエズ（➡P106）を生んだ。このとき「生むところを見ないでください」と言ったのに、夫はのぞいてしまう。そこで夫が見たのは、サメに変身した妻だった。正体を見られたトヨタマヒメは、子を残して海底に帰って行った。

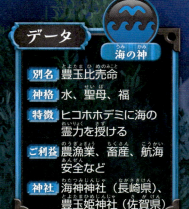

**データ**

海の神

| | |
|---|---|
| 別名 | 豊玉比売命（とよたまひめのみこと） |
| 神格 | 水、聖母、福 |
| 特徴 | ヒコホホデミに海の霊力を授ける |
| ご利益 | 農漁業、畜産、航海安全など |
| 神社 | 海神神社（長崎県）、豊玉姫神社（佐賀県） |

二章

### 神々の外伝

宮崎県日南市の鵜戸神宮は、トヨタマヒメがウガヤフキアエズを生んだ小屋の跡に建っているという。本殿のある洞窟には、トヨタマヒメが海に帰るときに、自分の胸をとって残したという「御乳岩」がある。

鵜戸神宮（宮崎県日南市）の御乳岩

# ウガヤフキアエズノミコト
# 鸕鶿草葺不合尊

### 初代天皇と伝わる神武天皇の父神

　ヒコホホデミ（➡P100）とトヨタマヒメ（➡P104）の子で、山の霊力を父から、海の霊力を母から受けつぐ。名前は、母が出産のために鳥の鵜の羽を屋根にした家をつくっていたが、屋根ができあがる前に生まれたことにちなむ。

　トヨタマヒメが海底の宮殿に帰ると、その妹タマヨリヒメ（➡P107）に育てられた。ウガヤフキアエズは成長すると、タマヨリヒメと結婚して子どもが生まれた。そのうちの1神が、初代天皇と伝えられるカムヤマトイワレビコ（神武天皇➡P110）だ。

## データ

農業の神

| | |
|---|---|
| 別名 | 彦波瀲武鵜草葺不合尊 |
| 神格 | 農業 |
| 特徴 | 山と海の霊力をもつ |
| ご利益 | 豊作、農業守護、夫婦和合、安産守護、開運など |
| 神社 | 鵜戸神宮、宮崎神宮（宮崎県）など |

# 玉依姫命
## タマヨリヒメノミコト

### 初代天皇と伝わる神武天皇の母神

オオワタツミ（→P102）の娘で、トヨタマヒメ（→P104）の妹。姉の子ウガヤフキアエズと結婚して子ども4神を生む。その末っ子がカムヤマトイワレビコ（→P110）である。

名前の「玉依」は「神霊（タマ）がよりつく」という意味があることから、神につかえる巫女とする説もある。巫女には、神につかえるだけでなく、自分を選んだ神と結婚し、その子どもを生むという役目もあった。そのような女性を広くタマヨリヒメとよんだともされる。

## データ

海の神

| | |
|---|---|
| 別名 | 玉依比売命 |
| 神格 | 海（水）、聖母 |
| 特徴 | カムヤマトイワレビコ（神武天皇）を生む |
| ご利益 | 子宝・安産、豊作豊漁、商売繁盛、開運・方位除けなど |
| 神社 | 竈門神社（福岡県）ほか、全国の八幡宮など |

二章

## 神話ダイジェスト

# 地上に降りたアマテラスの子孫

オオクニヌシはアマテラスに国をゆずり、
アマテラスの孫ニニギが地上に降りてくる。

アマテラス（→P40）は、オオクニヌシ（→P60）の葦原中国（地上）を、自分の子孫に治めさせようと考えた。アメノホヒ（→P82）、アメノワカヒコ（→P80）らを送って交渉するが失敗する。

次にタケミカヅチ（→P84）を送り、武力で国をゆずらせようとした。オオクニヌシは子のコトシロヌシ（→P92）、タケミナカタ（→P90）の意見を聞き、立派な宮殿（出雲大社）を建てることとひきかえに国をゆずった。

海神オオワタツミ（→P102）の宮殿で釣り針を見つけた山幸彦は、オオワタツミにもらった玉で兄をこらしめた。山幸彦はオオワタツミの娘トヨタマヒメ（→P104）と結婚し、のちにその子孫が天皇になった。

⑥

アマテラスの孫ニニギ（→P96）が高天原から降り、葦原中国を治めることになった。ニニギは、サルタヒコ（→P98）に案内され、アメノウズメ（→P208）らとともに地上に降り立った。

⑤

長男ホデリは海幸彦、三男ホオリは山幸彦とよばれ、海幸彦は海釣りが、山幸彦は狩りが得意だった。ある日、山幸彦は兄の大事な釣り針を海でなくした。あやまっても許してもらえず、絶対に返せとせめられる。

④

ニニギは地上でコノハナノサクヤヒメ（→P172）と結婚し、ホデリ、ホスセリ、ホオリ（のちのヒコホホデミ→P100）の3兄弟が生まれた。

109

二章

# カムヤマトイワレビコノミコト
# 神倭伊波礼毘古命

## 大和朝廷の初代神武天皇と伝えられる神

大和国（奈良県）を治め、初代天皇になったと伝わる神。名前は、「大和国の磐余（橿原市あたり）を治めた尊い男子」という意味だ。

この神が天皇になるまでのことは、神話の「神武東征」（➡P122）で語られている。日向（宮崎県）の高千穂宮でくらしていたカムヤマトイワレビコは、天下を治めるための都を置く地を求めて東へ進軍。有力な豪族やその土地の神と戦いながら、16年後に大和国に入った。そこに宮殿を建てて初代天皇「神武天皇」になり、大和朝廷の基礎を築いたと伝えられている。

しかし、神武天皇が実在の人物かどうかは疑問視されている。天皇の祖先として、神話の世界と現実の人間世界とをつなぐ役目をあたえられた神とも考えられている。

### 神々の外伝

「神武東征」の途中、苦戦するカムヤマトイワレビコの弓に金色のトビ（金鵄）がとまった。この金鵄の光が敵の目をくらませ、勝つことができた。これにちなんで、金鵄は勝利を導く縁起のいい鳥とされるようになった。

111

# ニギハヤヒノミコト
# 邇芸速日命

## カムヤマトイワレビコに大和国をゆずった神

アマテラス（→P40）の孫で、ニニギ（→P96）より先に地上界に降り立ったとされる神。名は「すばやく行動して豊かな実りをもたらす」という意味で、穀物の神とされる。

ニギハヤヒは、大和国（奈良県）を支配していたナガスネヒコの妹と結婚した。「神武東征」（→P122）で、義理の兄ナガスネヒコは、カムヤマトイワレビコに服従しなかった。ニギハヤヒは、カムヤマトイワレビコのほうが支配者にふさわしいとして義兄を殺し、大和国の支配権をカムヤマトイワレビコにゆずったという。

また、この神は地上界に降りるとき、アマテラスから強力なまじないの力をもつ「十種神宝」という道具を授かったとされる。

### データ

農業の神

- **別名** 饒速日命
- **神格** 太陽、穀霊
- **特徴** 十種神宝で強力な呪力をふるう
- **ご利益** 諸願成就、病気治癒
- **神社** 石切剣箭神社（大阪府）、物部天神社（埼玉県）など

### 神々の外伝

ニギハヤヒが授かった十種神宝は、死者をよみがえらせる力もあるという。この神宝は大和国の豪族物部氏に伝わり、朝廷の重要な儀式に使われた。そのおかげで物部氏は、朝廷内で大きな権力をもったとされる。

蛇比礼　八握剣　瀛津鏡
死反玉　足玉

『弘法大師全集』より十種神宝（一部）

# ヤマトトトヒモモソヒメノミコト
# 倭迹迹日百襲比売命

## データ

**呪術の神**

- **別名** 夜麻登登母母曾毘売命
- **神格** 予言者的巫女
- **特徴** 予言で災いを防ぐ
- **ご利益** 諸願成就、家内安全、厄除け、延命長寿など
- **神社** 田村神社（香川県）、吉備津神社（岡山県）

二章

## 神の言葉を伝え、三輪山の祭司を務めた女神

　神の言葉を聞き、予言で災いを防いだ女神。「箸墓伝説」の主人公として知られている。この伝説で、ヤマトトトヒモモソヒメは、奈良県の三輪山の神であるオオモノヌシ（→P63）と結婚した。しかし、その正体が小さな蛇だったことを知り、驚いて悲鳴をあげた。すると、蛇はたちまち若者に変わり、怒って三輪山に飛んで帰ってしまった。後悔したヤマトトトヒモモソヒメは、箸で体を突いてみずから命を絶ったという。
　ヤマトトトヒモモソヒメは、神の言葉を聞いて疫病を防ぎ、予言で天皇の危機を救った巫女だったと考えられている。とても強い霊力をもっていたため、三輪山で朝廷の重要な儀式をつかさどる祭司になったと伝わっている。

### 神々の外伝

　三輪山のふもとにある箸墓古墳は、日本でもっとも古い巨大古墳（全長約280ｍ）で、ヤマトトトヒモモソヒメの墓とされる。つくられた年代（3世紀中ごろ）から、邪馬台国の女王卑弥呼の墓とする説もある。

箸墓古墳（奈良県桜井市）

115

## ヤマトタケルノミコト
# 日本武尊

### 地方豪族を平定した悲劇の英雄神

　全国を周って朝廷に逆らう地方の豪族を倒した武神。天皇の子として生まれたが、乱暴な性格だったので父から恐れられ、有力豪族を平定するように命じられて追いはらわれる。西へ東へ遠征して各地の敵を倒したが、大和（奈良県）へ帰る途中、伊吹山の荒ぶる神と戦い、亡くなった（➡P124）。その霊魂は、白鳥になって大和へ飛び去ったという。

　この神話から、ヤマトタケルは悲劇の英雄神として特に人気が高い。また、白鳥は穀物の神霊を表すことから、農業の神ともされる。

　ヤマトタケルは、おばのヤマトヒメから三種の神器の1つ天叢雲剣を授かった。敵の火攻めにあったとき、この剣で草をなぎはらい、危機を逃れたという。そのため、天叢雲剣は草薙剣ともよばれる。

二章

## データ

**武神**

| 別名 | 小碓命、倭建命 |
| --- | --- |
| 神格 | 武勇、農業 |
| 特徴 | 悲劇の英雄 |
| ご利益 | 五穀豊穣、商売繁盛、出世、開運招福、試験合格など |
| 神社 | 熱田神宮（愛知県）、大鳥大社（大阪府）など |

## 神々の外伝

ヤマトタケルの霊魂とされる白鳥は、大和以外の各地へ舞い降りたと伝わる。それらの地には、この神をまつる大鳥（鷲）神社や白鳥神社がある。白鳥が最後に降りたとされる地に建つのが、大阪府堺市の大鳥大社だ。

大鳥大社（大阪府堺市）

# オトタチバナヒメノミコト
# 弟橘姫命

### 身をささげてヤマトタケルを助けた純愛の女神

　自分の命とひきかえに夫であるヤマトタケル（→P116）の危機を救った純愛の女神。
　ヤマトタケルが東国遠征中に房総半島へ渡ろうとすると、海が荒れて船が進まなくなった（→P124）。同行していたオトタチバナヒメは「私の命をささげて海神の心を鎮めましょう」と海中に身を投げた。すると、海がしずまってヤマトタケルは対岸に渡ることができた。その後、ヤマトタケルは足柄山で「ああ、吾が（私の）妻よ」と亡き妻をしのんだ。それから東国のことを「あづま（あずま）」とよぶようになったという。
　古代には、海や水の神をまつる巫女が神の妻になるために入水するという信仰があった。オトタチバナヒメも、そうした巫女的な存在だったとも考えられている。

---

## データ

**海の神**

| | |
|---|---|
| 別名 | 吾妻大明神 |
| 神格 | 海の神をまつる巫女の神格化 |
| 特徴 | 命とひきかえに夫ヤマトタケルを救う |
| ご利益 | 出世開運、商売繁盛、縁結びなど |
| 神社 | 橘樹神社（千葉県）、走水神社、吾妻神社（神奈川県）など |

二章

## 神々の外伝

オトタチバナヒメが髪にさしていた櫛は海岸に流れ着き、それを拾った地元民が墓を作って手あつくほうむったと伝わっている。その地に建つのが、橘樹神社（千葉県茂原市）である。

橘樹神社

二章

## 神々の外伝

草薙剣は、1185年に源氏と平氏が壇ノ浦で戦ったとき、幼い安徳天皇らとともに海に沈んだと伝わる。しかし、これは草薙剣の分身で、本物は今も愛知県名古屋市の熱田神宮にまつられているといわれている。

### アツタノオオカミ
# 熱田大神

## アマテラスとヤマトタケルの霊力がこめられた剣の神霊

ヤマトタケル（➡P116）が東国遠征で使った霊剣草薙剣の神霊。草薙の名は、火攻めにあったヤマトタケルが、この霊剣で草をなぎはらって難を逃れたことにちなむ。

また、この剣は「三種の神器」の1つで、もともとはアマテラスがスサノオから授かった天叢雲剣だ。

こうしたことから、アツタノオオカミは武神ヤマトタケルと太陽神アマテラス（➡P40）の力をもつとされる。

愛知県名古屋市の熱田神宮は、アツタノオオカミをまつる神社の総本社だ。ヤマトタケルの最後の妻であるミヤズヒメが、出身地に社を建てて霊剣をまつり、夫をしのんだのがはじまりという。

## 神話ダイジェスト

# カムヤマトイワレビコの東征

カムヤマトイワレビコ（神武天皇）は、都にふさわしい土地を求めて日向（宮崎県）から東へ進軍する。

カムヤマトイワレビコ（以下イワレビコ）一行は、都にふさわしい大和（奈良県）をめざして進軍し、白肩津（大阪府）に着いた。しかし、大和を支配する豪族ナガスネヒコに襲われ、兄が死んでしまう。

そこにタカクラジ（➡P230）がかけつけ、霊剣フツノミタマをささげると、化熊は倒れ、みんなの元気が戻った。

一行は、太陽神アマテラスの子孫なのに、太陽に歯向かうように東へ進んだのが敗因と考え、紀伊半島を回って熊野（和歌山県南部）に上陸した。しかし化熊が現れ、その邪気で全員戦意を失ってしまった。

その後、ヤタガラス（➡P178）の案内で熊野の山中を安全に進んだ。吉野（奈良県南部）の神々たちは、みなすすんでイワレビコに服従した。

宇陀（奈良県北東部）に入ると、豪族エウカシが、イワレビコを暗殺しようと待ち受けていた。しかし、エウカシは弟にうらぎられ、自分のわなにかかって死ぬ。

さらに、忍坂（奈良県桜井市）の豪族を倒したイワレビコ軍は、兄の仇ナガスネヒコとの決戦にいどんだ。苦戦の末、カナヤマヒコ（➡P196）の送った金のトビに助けられ、ナガスネヒコ軍に勝った。

その後、ニギハヤヒ（➡P112）がナガスネヒコを殺し、大和の支配権をイワレビコにゆずった。こうしてイワレビコは大和に宮殿を建て、初代神武天皇となった。

## 神話ダイジェスト

# ヤマトタケルの戦い

父景行天皇にうとまれたヤマトタケルは、国内を平定するため、西へ東へ転戦を続ける。

1. オウス（のちのヤマトタケル）は、朝廷に逆らう九州のクマソタケル兄弟を倒すよう父から命じられる。美少女に変装してクマソタケル兄弟を油断させて倒し、弟からヤマトタケルの名をもらう。

2. 大和（奈良県）へ帰る途中、ヤマトタケルは、朝廷に歯向かう出雲（島根県）のイズモタケルを倒した。

3. 大和へ戻ると、すぐに父から東国の平定を命じられる。ヤマトタケルは、おばのヤマトヒメから授かった天叢雲剣で、各地の敵を倒しながら東へ進んだ。

⑥ その後、ヤマトタケルは尾張（愛知県）で結婚したミヤズヒメに天叢雲剣を預け、伊吹山の神を退治に出かけた。しかし、白い猪の姿で現れた山の神の怒りをかって、激しいひょうに打たれ、それがもとで亡くなった。

⑤ さらに東へ進み、房総半島へ渡ろうとしたが、海神の怒りをかって海が荒れた。ヤマトタケルの妻オトタチバナヒメ（→P118）が海に身を投げると、波がおさまり、対岸に渡ることができた。

④ 相武（静岡県）では、地方長官にだまされて火攻めにあう。しかし、天叢雲剣で草をはらい、おばからもらった火打石で向かい火をつけてピンチを切りぬけた。

# 神功皇后となった武の女神、聖母神

　オキナガタラシヒメは、武の女神、聖母神。夫である仲哀天皇が亡くなった後、住吉三神（➡P158）の力を借り、自ら兵をひきいて朝鮮半島に遠征、新羅という国を平定した。この武勇伝から「武の女神」とされる。

　この遠征の途中、オキナガタラシヒメは出産しそうになった。しかし、神のお告げどおりに小石を2つ腰にまきつけ出産を遅らせたという。その子は帰国後に無事生まれ、のちに応神天皇（➡P128）となった。神の子とされる天皇を生み育てたことから、聖母神ともされる。つまり、武の女神と聖母という二面性をもっているのだ。

　仲哀天皇の皇后で、神功皇后ともよばれるが、実在は疑わしく、伝説上の皇后とされている。

## 神々の外伝

　福岡県福岡市の香椎宮は、仲哀天皇が亡くなった地に、その霊を鎮めるためにオキナガタラシヒメが建てた社が起源。自ら植えたとされる境内の御神木「綾杉」は、約1800年の歴史があるという。

香椎宮の綾杉

二章

オキナガタラシヒメノミコト
# 息長足姫命

| データ | | |
|---|---|---|
| 別名 | 神功皇后 | |
| 神格 | 聖母、武勇 | |
| 特徴 | 武の女神と聖母神の2つの面をもつ | |
| ご利益 | 安産・子育て、厄除け、家内安全など | |
| 神社 | 香椎宮（福岡県）、住吉大社（大阪府）、石清水八幡宮（京都府）ほか全国の八幡宮 | |

武神

127

## データ

| | | | | |
|---|---|---|---|---|
| 別名 | 応神天皇、八幡神 | 神格 | 文武 |
| 特徴 | 源氏の守護神 |
| ご利益 | 国家鎮護、教育・縁結び、悪病除けなど |
| 神社 | 宇佐神宮（大分県）ほか全国4万余りの八幡系神社 |

武神

二章

## ホンダワケノミコト
# 誉田別命

### 応神天皇として日本の政治・文化の基礎をつくった神

「八幡様」として親しまれている文武の神。オキナガタラシヒメ（→P126）の子で、のちに応神天皇となった。神社ではホンダワケという名前でまつられることが多い。

ホンダワケは歴史上、実在した最初の天皇だとする説もある。天皇を務めていた4世紀末、東国平定や朝鮮半島への進出などによって大和朝廷は大きく発展した。ホンダワケは、中国の文化を積極的に取り入れ、日本文化の基礎を築いたとされる。

のちにホンダワケは、八幡神としてまつられ、鎌倉幕府を開いた源氏が守り神とした。鎌倉時代、中国大陸を支配する元という国の軍勢が日本へ攻めてきたとき、暴風雨がおきて元軍の200もの船が沈んだ。これは八幡神がおこした「神風」とされ、武神としての名が高まった。

# 神々の外伝

# 誉田別命
## ホンダワケノミコト

## その1 八幡神と応神天皇

　八幡神をまつる神社は、全国に4万社余りあるといわれ、日本でいちばん多い。その総本宮が、大分県宇佐市の宇佐神宮だ。

　八幡神は、もとは宇佐地方の土地の神だったと考えられているが、くわしくはわかっていない。6世紀ごろ、宇佐の池の辺りに金色の鷹や鳩に姿を変える鍛冶師の老人がいた。霊能力者の大神比義が祈ると「われは誉田天皇広幡八幡麿なり（私は八幡神、つまり応神天皇である）」と告げた。そこで大神比義が八幡神をまつったのが宇佐神宮のはじまりと伝わる。それ以来、応神天皇と八幡神が結びついたと考えられている。

　平安時代、宇佐神宮から八幡神を招いて石清水八幡宮（京都府八幡市）が建てられた。この神社が都の守り神とされたことで、全国に八幡社が建てられた。さらに、源義家が「八幡太郎義家」と名のって武士の威力を発揮して以来、源氏があつく信仰し、武神として武士の間に広まった。

宇佐神宮本殿。外院（中央）と内院（奥）の2棟が前後につながる「八幡造」で建てられている。八幡神は、昼に外院、夜に内院にいるとされる。

## その2　日本で2番目に大きな墓

　ホンダワケは130歳まで生きたとされ、亡くなると多くの人が墓をつくりに集まったという。その墓とされるのが、大阪府羽曳野市の応神天皇陵古墳（誉田御廟山古墳）だ。

　この古墳は、日本で2番目に大きく、全長約425ｍ、幅約300ｍ、高さ36ｍもある。5世紀前半に築かれたとされ、当時、天皇が大きな権力をもっていたことがわかる。

応神天皇陵古墳
（誉田御廟山古墳）

## その3　ホンダワケを救った飼い犬

　ホンダワケは、麻奈志漏という名の白い猟犬を飼っていた。この麻奈志漏は、記録に残る日本最古の犬の名前といわれている。

　ある日、ホンダワケが鹿狩りに出かけると、猪に襲われた。そのとき連れていた麻奈志漏が、ホンダワケを守ろうとして猪と戦い、一緒に崖下に落ちて死んだ。それをあわれんだホンダワケは、麻奈志漏の墓をつくったという。その場所に建つのが、犬次神社（兵庫県西脇市）である。

犬次神社。犬はお産が軽いことから、安産のご利益があるという。

# 吉備津彦命
## キビツヒコノミコト

## 桃太郎伝説のモデルとされる軍神

　ヤマトトトヒモモソヒメ（→P114）の弟で、昔話『桃太郎』のモデルとされる軍神。名前は、吉備国（岡山県）を治める将軍として派遣されたことにちなむ。

　吉備国に、外国からやってきたウラという鬼が住みついていた。ウラは、鬼城山の鬼ノ城を拠点に暴れまくって人々をこわがらせていた。キビツヒコは、激しい戦いの末に悪鬼ウラを退治したという。この伝説が昔話の『桃太郎』の原型になったと考えられている。

　また、吉備国を平定した後、キビツヒコは吉備の中山という山のふもとに御殿として「茅葺宮」を建てた。そこで政治を行い、281歳まで生きたと伝わる。とても長生きしたことから、キビツヒコは延命長寿の神ともされている。

二章

## データ

**武神**

- **別名** 大吉備津彦命（おおきびつひこのみこと）
- **神格** 軍事、長寿
- **特徴** 桃太郎のモデル
- **ご利益** 産業興隆、延命長寿、家内安全、厄除け、子育て守護など
- **神社** 吉備津神社、吉備津彦神社（岡山県）など

## 神々の外伝

キビツヒコをまつる吉備津神社（岡山県岡山市）のかまどの下には、悪鬼ウラの首が埋まっているという。この神社では、そのかまどで釜に湯をわかし、釜から出る音で吉凶を占う「鳴釜神事」が行われている。

吉備津神社の鳴釜神事

# 神社って何？

## 神社の成り立ち

神社はもともと、天から降りてきた神が一時的に過ごす仮の宿だ。はじめは社殿（神社の建物）はなく、神が宿る聖地の岩や木を柴で囲ったりして祭を行っていた。この岩を磐座・磐境、木を神籬という。神は祭の間だけそれらに宿ると考えられ、祭のたびに祭場が作られた。

やがて、祭が大きくなり儀式が複雑になると、社殿が建てられ、鏡などの御神体がまつられるようになった。こうして、神はいつもそこに宿ると考えられるようになった。

## 境内には何がある？

神社の建物やその配置などに、特に決まりはないが、基本的な部分は共通している。

神社は「鎮守の森」とよばれるように、緑の木々に囲まれている。これは、神域（神社の敷地）を表している。その入り口に鳥居があり、鳥居から社殿まで参道がのびている。参道の途中には手水舎があり、ここで身を水で清めてから参拝する。社殿には本殿・幣殿・拝殿がある。本殿は神社でいちばん大切な場所で、御神体がまつられている。その中に入ることはかたく禁じられている。

神倉神社（和歌山県新宮市）の御神体ゴトビキ岩。熊野神（→P184）が最初に降りた巨大な磐座だといわれる。

### 鳥居

神社の神域を示す入り口の門。上にのっている笠木がまっすぐの神明系（下左）と、笠木の両端が上に反っている明神系（下右）の、大きく分けて2種類の形式がある。

笠木

神明系　明神系

## 本殿(ほんでん)
御神体・祭神がまつられた神社でもっとも重要な建物。御神体は祭神が宿る依り代で、木や石などの自然物のほか、鏡や玉、剣、神像などがある。

## 幣殿(へいでん)
お供え物をささげる建物。

## 注連縄(しめなわ)
人が入らないように、神聖な場所に張られる縄。

## 拝殿(はいでん)
祭神と向かい合い、お参りしたり、おはらいを受けたりする建物。

## 御神木(ごしんぼく)
神が降りるときの目印になる神聖な木。

## 参道(さんどう)
鳥居から社殿へ通じる道。まん中は神が通るところとされ、お参りする人は左右両端を歩く。

## 社務所(しゃむしょ)
神社の事務所。

## 手水舎(てみずしゃ)
お参りする前にここの水で手を洗い、口をすすいで身を清める。

## 摂社・末社(せっしゃ・まっしゃ)
主祭神(その神社でまつられる神々の中心となる神)以外の神をまつる社。主祭神に関係の深い神や、その土地にもとからいた神がまつられることが多い。

## 狛犬(こまいぬ)
神社を守る霊獣の像。ふつう、社殿に向かって、右に口を開いた阿形、左に口を閉じた吽形の一対で置かれている。

135

## お参りの作法

神社にお参りするときの、正しい作法を覚えておこう。
① 頭を下げて鳥居をくぐる。
② 手水舎の水で左、右の順に手を清め、左手で受けた水で口をすすぐ。
③ 参道のはしを通って拝殿へ進む。
④ さい銭箱にお金を入れ、綱をひいて鈴を鳴らす。
⑤ まっすぐに立ち、軽く礼をする。2回深くおじぎをして、2回拍手をする。手を合わせたまま祈り、もう一度深くおじぎをする。（下図「二拝二拍手一拝」）。最後にまた軽く礼をする。

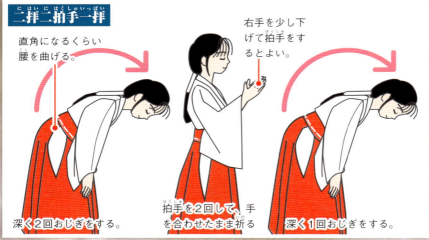

**二拝二拍手一拝**

直角になるくらい腰を曲げる。
深く2回おじぎをする。

右手を少し下げて拍手をするとよい。
拍手を2回して、手を合わせたまま祈る

深く1回おじぎをする。

※これは基本的な作法だが、神社によってはちがうこともある。

## お札とお守り

お札とお守りは、神社で授かるものの代表だ。お札は、その神社の神を宿した紙や木の札で、家の神棚などにまつって家の守り神にする。

お守りは、お札を持ち歩けるようにしたもの。袋の中に小さなお札を入れたものが一般的だ。

お札もお守りも1年ごとに取りかえ、古いものは神社に納める。

東京大神宮（東京都千代田区）のお札とお守り

# 三章

# 自然の神々

山や草木、水や土、風や雷など、自然をつかさどる神々はとても多い。それら自然の神々は、人に恵みをあたえる一方で、恐ろしい災害をもたらすこともある。

# 大災害をもたらす風の男神と女神

　男女一対の風の神。男神のアメノミハシラはシナツヒコ、女神のクニノミハシラはシナツヒメともよばれ、イザナギとイザナミの「神生み」（➡P36）で生まれたとされる。

　名前の「柱」は、高くうずまく竜巻を表したものだ。すさまじい風と雨で家々や田畑を壊し、荒波をおこして船をしずめ、人の命をうばう。そんな恐ろしい暴風雨を、昔の人は怒った神のたたりだと考えた。

　しかし、恐ろしい風の神も、大切にまつると人々の味方になる。天災や悪い病気を防ぎ、豊作をもたらしてくれるのだ。

## データ

**風の神**

- **別名**　志那都比古神／志那都比売神
- **神格**　風
- **特徴**　大切にまつらないと風水害をおこす
- **ご利益**　航空・海上安全、五穀豊穣、豊漁、悪疫退散、縁結びなど
- **神社**　龍田大社（奈良県）／伊勢神宮内宮・風日祈宮（三重県）など

## 神々の外伝

約2100年前、洪水で不作が続いたとき、天皇の夢にこの神が現れ、「神社を建てて大事にまつれば、災いから守り、豊作をもたらそう。」と言った。これをもとに建てられたのが、奈良県三郷町の龍田大社である。

龍田大社の風鎮大祭。風の神に神楽や花火などをささげて豊作を祈る。

三章
アメノミハシラノミコト・クニノミハシラノミコト
天御柱命・国御柱命

三章

## 神々の外伝

家を建てるとき、上棟式という儀式が行われ、屋船久久遅命という神がまつられる。この神は建築用の材木の神で、ククノチと同じ神だとされている。ククノチは材木も支配しているのだ。

家の守り神としてヤフネククノチなどをまつる上棟式。

# ククノチノカミ
# 久久能智神

### すべての木々を勢いよく育てる生命力の源の神

イザナギとイザナミの「神生み」（➡P36）で生まれた木の神。山や森から身近な公園、庭に生えるものまで、すべての木々をつかさどる。

名前の「久久」は、草木の茎や幹がぐんぐん伸びていくようすを表している。つまり、ククノチは木に宿るただの精霊ではなく、樹木に生命力をあたえ、大地から勢いよく生い茂らせる力をもつ。木祖神ともよばれるように、すべての木々の生みの親なのだ。

「神生み」では、この神に続いて山の神オオヤマヅミ（➡P142）、野の神カヤノヒメ（➡P144）が生まれている。これは、まずククノチが、山野を緑でおおう生命力で大地を満たしたことを示している。

141

# オオヤマヅミノカミ
# 大山祇神

## 海もつかさどる
## 日本の山の神の代表

「大山」とは高く美しい山のことで、オオヤマヅミとは、偉大な山の神霊という意味だ。その名のとおり、山の神々のまとめ役をつとめる。

その一方で、山には雨水をため、川から海へ流すはたらきがあることから、海の神ともされる。山と海両方をつかさどっているのだ。

オオヤマヅミの名は、瀬戸内海にある大三島の大山祇神社にまつられたことで広く知られるようになった。大三島は、古くから海上交通の重要な拠点だったため、航海の守り神として信仰を集めた。戦国時代には、瀬戸内海の水軍や武将から武神としてもあがめられた。

三章

## データ
### 山の神

| 別名 | 大山積神、酒解神 |
| --- | --- |
| 神格 | 山、海、酒造 |
| 特徴 | 日本の山の神のリーダー |
| ご利益 | 農業・山林・鉱山業、漁業・航海守護、商工業発展、安産、厄除けなど |
| 神社 | 大山祇神社（愛媛県）ほか、全国の三島社系神社など |

### 神々の外伝

娘のコノハナノサクヤヒメ（➡P172）は、ニニギ（➡P96）と結婚してヒコホホデミ（➡P100）を生んだ。オオヤマヅミはこれを喜んで米から酒をつくり、ふるまった。これが酒造の起源とされることから、酒造りの神「酒解神」ともよばれる。

酒解神をまつる梅宮大社（京都府）。

## 神々の外伝

別名である野椎神の「ノヅチ」は、「野の精霊」という意味で、野の緑の支配者を表している。しかし、マムシを「ノヅチ」ともよぶようになったため、野椎神は、ヘビのような姿の妖怪としてえがかれることも多い。

妖怪の野槌

# 鹿屋野姫神 カヤノヒメノカミ

三章

## 野に茂るすべての緑をつかさどる野の女神

イザナギとイザナミの「神生み」（→P36）で、山の神オオヤマヅミ（→P142）の次に生まれた野の女神。雑草から草花、野菜まで、野に生えるすべての草をつかさどる。

名前の「カヤ」は、稲のなかまの萱・茅・ススキなどのこと。つまり、カヤノヒメは勢いよく育つカヤの強い生命力を表す女神なのだ。さらに、屋根の材料としてカヤが使われたことから、家の守り神ともされる。

また、野菜をつかさどるため、愛知県の萱津神社では、漬物の神としてまつられている。

カヤノヒメは、オオヤマヅミと結婚し、土や霧、谷の神など山野の自然をつくる男女4対8神を生んだ。

### データ

植物の神

| 別名 | 草祖草野媛命、野椎神 |
| --- | --- |
| 神格 | 野、漬物 |
| 特徴 | 野の草花のすべてをつかさどる |
| ご利益 | 漬物・家宅・農業・紙業・染物業守護など |
| 神社 | 萱津神社（愛知県）など |

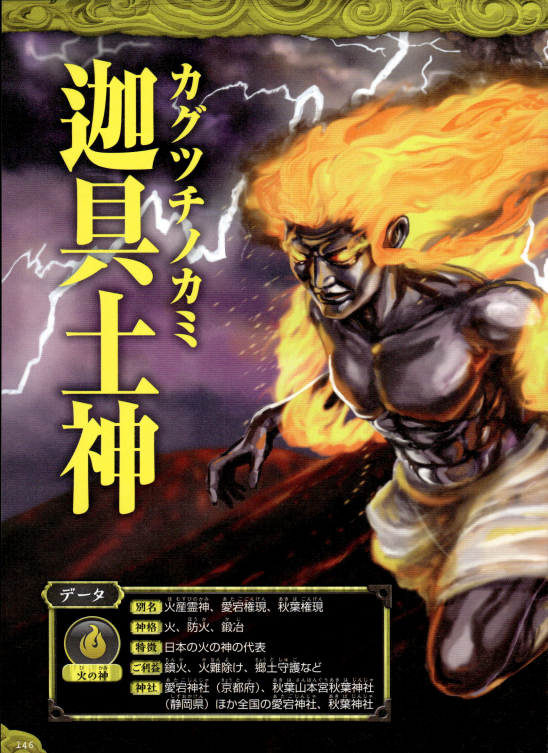

# 迦具土神
## カグツチノカミ

| データ | | |
|---|---|---|
| 火の神 | 別名 | 火産霊神、愛宕権現、秋葉権現 |
| | 神格 | 火、防火、鍛冶 |
| | 特徴 | 日本の火の神の代表 |
| | ご利益 | 鎮火、火難除け、郷土守護など |
| | 神社 | 愛宕神社（京都府）、秋葉山本宮秋葉神社（静岡県）ほか全国の愛宕神社、秋葉神社 |

三章

## 母イザナミを大やけどさせた火の神

　代表的な火の神。イザナギとイザナミの「神生み」（➡P36）で燃えながら生まれた。そのため、母イザナミは出産するときに大やけどをして、それがもとで死んでしまう。妻を失ってカッとなった父イザナギは、カグツチを切り殺してしまった。
　このとき飛び散ったカグツチの血から、雷神タケミカヅチ（➡P84）のほか、岩や火、雨、水などの神々が生まれた。雷や岩などは噴火したときに見られることから、これらの神々の誕生は、噴火のようすを表すという。
　人々は、カグツチが怒って火事をおこさないように、この神を大切にまつってきた。その代表的な神社が京都府京都市の愛宕神社や、静岡県浜松市の秋葉神社だ。また、刀や陶器づくりには火加減が重要なので、鍛冶や陶器の神としてもまつられている。

### 神々の外伝

　愛宕神社のある京都の愛宕山には、カグツチの化身とされる大天狗「太郎坊」が住んでいたという。太郎坊は、愛宕山の山伏（山で修業する僧）により、防火の神「愛宕さま」として全国に広まった。

愛宕山。京の都を火事から守るため、山頂に愛宕神社が建てられた。

147

# ハニヤマヒメノミコト
# 埴山姫命

## 陶器業と農業を守る土の女神

　火の神カグツチ（➡P146）を生んだ後、イザナミ（➡P30）の大便から生まれた土の女神。カグツチを鎮めるために生んだことから、鎮火の神ともされる。名の「埴」は赤土の粘土を表す。古代、この粘土から神聖な陶器や埴輪などが作られた。そのため、陶器の神ともされる。
　カグツチと結婚して食物の神ワクムスビ（➡P198）を生んだ。そのため、田畑の土に力をあたえ、豊作をもたらす神ともされている。

**工芸の神**

### データ

| | |
|---|---|
| 別名 | 埴安神 |
| 神格 | 土、陶器 |
| 特徴 | 作物を実らせる土の神 |
| ご利益 | 田畑開墾・陶磁器業守護、子宝・安産など |
| 神社 | 榛名神社（群馬県）、大井神社（静岡県）など |

# イワナガヒメノミコト
# 磐長媛命

### 長寿をもたらす岩石の女神

　岩石の女神。名の「磐長」は、岩のようにかたく、変わらないことを表すため、長寿の神とされる。

　イワナガヒメは、美しい妹コノハナノサクヤヒメ（➡P172）とともに、ニニギ（➡P96）に嫁入りしようとした。しかし、気に入られずに自分だけ追い返されてしまう。これをうらみ、妹がニニギの子を妊娠したとき、「自分を選べば長寿の子が生まれたのに、妹の子でははかない命になるだろう」と言った。それで、人の命は短くなったという。

山の神

**データ**

| | |
|---|---|
| 別名 | 石長比売命 |
| 神格 | 岩、寿命長久 |
| 特徴 | 姿はみにくいが長寿 |
| ご利益 | 延命長寿 |
| 神社 | 大将軍神社（京都府）<br>雲見浅間神社（静岡県） |

三章

# 罔象女神
## ミズハノメノカミ

### 美しく清らかな水の女神

「神生み」（→P36）で、病にたおれたイザナミの小便から生まれた水の女神。名の「罔象」は、ヘビのようにくねくねと流れ下る川を表している。

川の水は、昔から稲作にかかせないものだ。そのため人々は、水をコントロールするミズハノメをまつり、田がうるおい、稲がよく育つように祈ってきた。さらに、小便から生まれたことから、肥料の神ともされる。

また、「罔象」には泉や井戸という意味もある。そのため、江戸時代

三章

## データ
### 水の神

| | |
|---|---|
| 別名 | 水波能女神 |
| 神格 | 水、井戸 |
| 特徴 | イザナミの小便から生まれる |
| ご利益 | 祈雨・祈晴、治水、商売繁盛、子宝・安産など |
| 神社 | 丹生川上神社中社（奈良県）、岡太神社（福井県） |

## 神々の外伝

約1500年前、福井県の岡太川にミズハノメが現れ、人々に和紙作りを教えたという。これが日本最古の和紙「越前和紙」のはじまりとされる。川の上流の岡本神社では、紙すきの神としてミズハノメをまつっている。

越前和紙の紙すき。和紙をすくにはきれいな水がかかせない。

になると井戸の神ともされるようになった。井戸には、家事をする女性たちが集まった。また、水は生命の源と考えられてきた。こうしたことから、ミズハノメは子連れの女神とされ、子授け・安産の神としてもまつられている。

# 高龗神
## タカオカミノカミ

### 恵みの雨を降らせる雨ごいの女神

「神生み」（→P36）で、カグツチ（→P146）の流した血から生まれた水の女神。名前の「高」は山の峰、「龗」は雨をつかさどる竜神、別名の闇淤加美神の「闇」は谷を表している。つまり、山に雨を降らせ、谷川となって田をうるおす水源の神なのである。

このことから、タカオカミは特に雨ごいの神として全国に約500ある貴船神社でまつられている。

その総本社である京都府京都市の貴船神社では、タカオカミは恋の女神としても人気を集めている。平安時代、歌人の和泉式部が、夫がまた自分を愛してくれるように、ここでタカオカミに歌をささげて祈った。すると、願いがかなったという。それ以来、恋の女神としても広く知られるようになったのだ。

---

### データ

水の神

| 別名 | 闇淤加美神、貴船神 |
| --- | --- |
| 神格 | 雨ごい、水 |
| 特徴 | 水源をつかさどる代表的な水の女神 |
| ご利益 | 祈雨・祈晴、治水、縁結びなど |
| 神社 | 丹生川上神社上社（奈良県）、貴船神社（京都府）ほか、全国の貴船神社 |

三章

## 神々の外伝

1000年以上前、京都の貴船神社では、雨ごいには黒い馬、晴れを願うときには白馬か赤い馬をタカオカミにささげてきた。のちに生きた馬の代わりに馬の絵が使われるようになった。これが絵馬のはじまりという。

貴船神社（京都府京都市）の神馬像

153

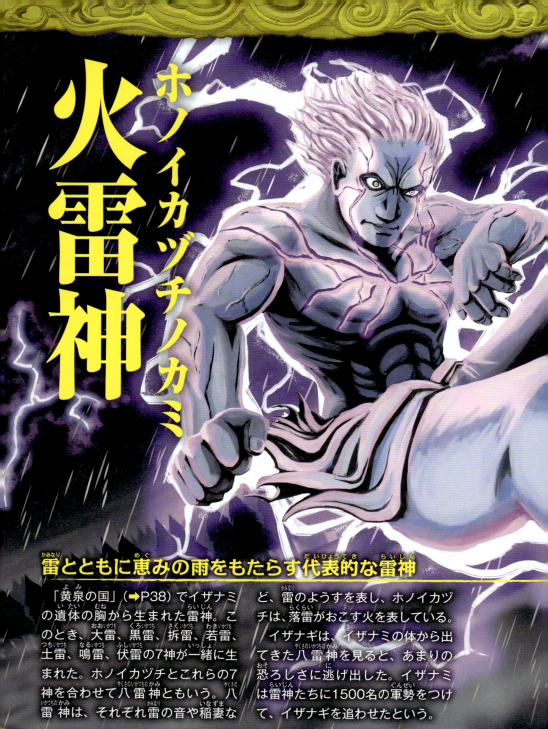

# 火雷神
## ホノイカヅチノカミ

### 雷とともに恵みの雨をもたらす代表的な雷神

「黄泉の国」（→P38）でイザナミの遺体の胸から生まれた雷神。このとき、大雷、黒雷、拆雷、若雷、土雷、鳴雷、伏雷の7神が一緒に生まれた。ホノイカヅチとこれらの7神を合わせて八雷神ともいう。八雷神は、それぞれ雷の音や稲妻など、雷のようすを表し、ホノイカヅチは、落雷がおこす火を表している。

イザナギは、イザナミの体から出てきた八雷神を見ると、あまりの恐ろしさに逃げ出した。イザナミは雷神たちに1500名の軍勢をつけて、イザナギを追わせたという。

| | | | |
|---|---|---|---|
| 別名 | 八雷神 | 神格 | 雷、水 |
| 特徴 | 恐ろしい落雷とともに恵みの雨を降らせる ||||
| ご利益 | 雨ごい、農業守護 ||||
| 神社 | 愛宕神社・若宮（京都府）、雲気神社（香川県）、火雷神社（奈良県）など ||||

雷の神

昔の人々は、恐ろしい雷を神の怒りだと考えた。その一方で、雷とともに降る雨は、夏の稲の成長にかかせないものだった。そのため、ホノイカヅチは、雷除けとともに作物の成長を助ける農業の守り神としても大事にまつられている。

## 神々の外伝

「黄泉の国」の神話では、ホノイカヅチらは大軍をひきいて、逃げるイザナギをどこまでも追っていった。しかし、この世と黄泉の国との境、黄泉比良坂でイザナギが投げた桃の実に力をふうじられ、全軍退却した。

## データ

**山の神**

| 別名 | 白山比咩大神（しらやまひめのおおかみ） |
| --- | --- |
| 神格 | 白山（はくさん）、農業 |
| 特徴 | 死者の霊と交信（れいこうしん）する |
| ご利益 | 五穀豊穣（ごこくほうじょう）、縁結（えんむす）び、家内安全、開運招福（かいうんしょうふく）、交通安全など |
| 神社 | 白山比咩神社（しらやまひめじんじゃ）（石川県（いしかわけん））ほか全国の白山神社（はくさんじゃ）、白山社（はくさんしゃ）など |

三章

# ククリヒメノカミ
# 菊理媛神

## あの世とこの世をつなぐ山の女神

　石川県にある白山という山の女神で、白山比咩大神ともよばれる。山には、降った雨を川に流し、田畑をうるおすはたらきがあることから、農業の神ともされる。

　神話では、「黄泉の国」（➡P38）で言い争うイザナギとイザナミの前に現れた。そして両方の話を聞き、うまくなだめた。そのおかげで、イザナギは無事にこの世に戻ることができたという。死んであの世へ行ったイザナミと、この世に生き残ったイザナギ。その2神の仲をとりもったククリヒメは、山に集まる祖先の霊の言葉を人々に伝える山の女神だとも考えられている。

### 神々の外伝

石川県白山市の白山比咩神社は、ククリヒメをまつる全国約2700の白山神社の総本社だ。約1300年前、ククリヒメの「白山にくるように」というお告げを聞いた僧が、白山に登り、この神を山頂にまつったのがはじまりという。

白山比咩神社（石川県白山市）。イザナギとイザナミもまつっている。

ナカツツノオ

ソコツツノオ

# スミヨシサンシン
# 住吉三神

## 航海の安全を守る3男神

　「黄泉の国」（➡P38）から帰ったイザナギが、海でけがれをすすいだ（みそぎ）ときに生まれた海の神。底筒男命、中筒男命、上筒男命の三男神で、順に海の底、海中、海面で生まれたとされる。

　住吉三神は、特に航海の神として信仰され、神功皇后（➡P126）の新羅遠征の話で有名だ。三神は「西に豊かな国がある」というアマテラス（➡P40）の言葉を皇后に伝え、朝鮮半島遠征をうながした。皇后は、三神に守られて順調に航海を進め、遠征は成功した。これに皇后が感謝して三神をまつったのが、住吉神社の総本社である大阪府大阪市の住吉大社のはじまりという。

　また、アマテラスのお告げを伝えた住吉三神は、お告げの神ともされる。そこから、住吉大社は、言葉の力をもつ和歌の神をまつる神社としても信仰を集めている。

三章

ウワツツノオ

## データ

### 海の神

- **別名**　住吉神、筒男三神
- **神格**　海、航海、和歌
- **特徴**　港と航海の守護神
- **ご利益**　海上・航空安全、漁業・海運等保護など
- **神社**　住吉大社（大阪府）、住吉神社（福岡県）ほか全国の住吉神社

## 神々の外伝

住吉三神はみそぎで生まれたので、強力なおはらいの神ともされる。毎年7月末ごろに行われる住吉大社の住吉祭（夏祭り）は、住吉三神の力で大阪中をはらい清めるという。

住吉大社の住吉祭

# 宗像三女神 ムナカタサンジョシン

## 古代の国際交流を守った海の3女神

　八百万の神の中で唯一の3姉妹の女神。姉妹そろって美しいという。
　誓約（➡P56）で、スサノオ（➡P46）の剣をアマテラス（➡P40）がかみくだいて吹き出すと、霧の中から順に田心姫神、湍津姫神、市杵島姫神が生まれた。その後、アマテラスの命令で、天孫降臨（➡P108）するニニギの道中を守り、九州北西部の玄界灘という海に降りて守り神になった。
　玄界灘は、古代から日本と外国を結ぶ重要な航路だった。そのため、海外との交流がさかんになると、宗像三女神は、国際交流の守護神として大和朝廷からあつく信仰された。
　福岡県宗像市の宗像大社は、三女神をまつる宗像神社の総本社。三女神がそれぞれ、宗像大社の3つの宮にまつられている（➡P162）。

タゴリヒメ

## データ

**海の神**

| | |
|---|---|
| 別名 | 宗像三神 |
| 神格 | 海、交通運輸、財福・技芸 |
| 特徴 | 美しい3姉妹の海の神 |
| ご利益 | 海上・交通安全、豊漁、商売繁盛、芸能など |
| 神社 | 宗像大社（福岡県）、厳島神社（広島県）ほか全国の宗像神社、厳島神社 |

# 神々の外伝

# 宗像三女神
## ムナカタサンジョシン

## その1 沖ノ島と宗像大社

宗像三女神をまつる宗像大社（福岡県宗像市）は、沖ノ島の沖津宮、大島の中津宮、九州本土の辺津宮の3社からなる。玄界灘に浮かぶ沖ノ島は、日本と朝鮮半島を結ぶ航路の重要地点にある。そのため、東アジアとの交流がさかんになった4世紀後半から、沖ノ島は「神宿る島」として、航海の成功を願って祈りがささげられてきた。

8世紀ごろまでには、沖ノ島に対する信仰から、守り神である宗像三女神への信仰が生まれた。そうして、沖津宮にタゴリヒメ、中津宮にタギツヒメ、辺津宮にイチキシマヒメがまつられるようになった。

なお、宗像大社と関連遺跡は、2017年に「『神宿る島』宗像・沖ノ島と関連遺産群」として、世界遺産に登録された。

宗像大社の位置（左）と沖ノ島の祭祀遺跡。4世紀後半から、巨岩を祭壇として祈りがささげられてきた。

# 三章

## その2 平氏があつく信仰した厳島神社

宗像大社と同じく、世界遺産になっている厳島神社（広島県廿日市市）も宗像三女神をまつっている。この神社は、全国の厳島神社の総本社で、「安芸の宮島」ともよばれて今も人気を集めている。

厳島神社は、平安時代末期に大きな権力をもった武士、平清盛のあつい信仰によって大きく栄えた。厳島神社のある瀬戸内海は、海上交通の重要な航路であり、清盛は中国とさかんに貿易をしていたため、航海の安全を願ったのである。

現在の本殿は16世紀に再建されたものだが、海上に浮かぶようなつくりは、清盛がはじめたものだ。

厳島神社。神社の建つ宮島は、島全体が神の島とされた。

## その3 弁天様になったイチキシマヒメ

宗像三女神の三女イチキシマヒメは、七福神（➡P165）の中の弁才天と同じ神ともされ、「弁天様」とよばれて広く親しまれている。

弁才天は、もともとは美しいインドの川の女神だった。やがて仏教に取り入れられて、財宝や美、音楽、芸能の神ともされ、日本では水の神、農業の神ともされた。

イチキシマヒメも弁才天も、美しい水の女神という点が共通する。それで、平安時代に仏と日本の神が結びついた（➡P164）ときに、2神が同じ神とされたと考えられている。

宗像三女神のなかでも、イチキシマヒメがいちばん美人だという。

163

# 外国からきた神

## 日本に入ってきた外国の神

日本には昔から、仏教をはじめ、さまざまな外国の宗教が伝わり、それぞれの宗教でまつられている神が入ってきた。それらの神々には、日本神話の神と結びつけられたり、民間で信仰されたりして広められていったものも多い。「金毘羅さん」として親しまれる金毘羅神（➡P188）も、その1つだ。

京都で家の屋根に飾られる鍾馗像。鍾馗は中国の道教の神で、鬼を退治したことから、厄除けとして鬼瓦の向かいに飾られている。

## 神と仏は同じ!?

インドで生まれた仏教は、6世紀ごろ日本へ伝わった。やがて仏教が広まるにつれ、日本の神と仏教の仏は同じだとする考えが広まった。平安時代には、仏や菩薩が日本の神の本当の姿で、日本の神は仏や菩薩の仮の姿とする説がさかんになった。

これにもとづいて、たとえば八幡神（ホンダワケ➡P128）は仏教で仏に次ぐ菩薩にあたるとされ、「八幡大菩薩」ともよばれた。また、山王権現（オオヤマクイ➡P170）などの「権現」も、仏や菩薩が日本に現れた仮の姿という意味だ。

「僧形八幡神像」。仏教僧の姿をした八幡神像もさかんに作られた。

## 世界の神が集まった七福神

　日本で人気のある福の神として七福神がいる。ふつう、七福神といえば、えびす（下図❶）、大黒天（❷）、弁財天（❸）、毘沙門天（❹）、福禄寿（❺）、寿老人（❻）、布袋（❼）の7神をさす。

　その中で、日本生まれの神はえびすだけで、ほかはすべて外国の神だ。商売繁盛や大漁の神えびすは、ヒルコ（➡P34）やコトシロヌシ（➡P92）とされる。

　商売繁盛や豊作の神である大黒天は、オオクニヌシ（➡P60）とされるが、もともとはインドの神である。また、金運や芸能の神・弁財天も宗像三女神のイチキシマヒメ（➡P160）と同じ神といわれるが、インドの神。開運招福の神・毘沙門天もインドの武神だ。

　長寿と人徳の神・福禄寿と、長寿と知恵の神・寿老人は、どちらも中国の道教の神。知恵と福徳の神・布袋は、中国に実在した仏教僧が福の神になったものだ。

歌川広重画「七福神宝船図」。江戸時代、初夢で宝船に乗った七福神を見ると縁起がいいとされ、その絵をまくらの下にしいて寝る風習が生まれた。

## 神々の外伝

江戸時代、アマテラスをまつる伊勢神宮への参拝がさかんになった。それとともに、その子アマツヒコネをまつる多度大社は北伊勢神宮とよばれ、伊勢神宮と合わせてお参りする人々でにぎわった。

アマツヒコネをまつる多度大社の本宮

# 天津彦根命 アマツヒコネノミコト

三章

## 雨ごいの神として知られるアマテラスの子

三重県桑名市にある多度大社の祭神として有名な雨ごい・風の神。風雨をつかさどり、台風のときには風水害から人々を守るという。アマテラスとスサノオの誓約（➡P56）で、アマテラスの玉飾りの玉から生まれた5男神の1神である。

アマツヒコネは、近畿から関東にかけての有力氏族がそれぞれにまつっていた各土地の神が合わさった神だとも考えられている。そのため、風の神としてだけでなく、農業や漁業、産業開発などの守り神としてもまつられている。

なお、多度大社の別宮（本宮に付属する別の神社）には、アマツヒコネの子であるアメノマヒトツ（➡P204）がまつられている。

水の神

| データ | |
|---|---|
| 別名 | 北伊勢大神、多度神 |
| 神格 | 日、海、風 |
| 特徴 | さまざまな土地の神の力をあわせもつ |
| ご利益 | 農漁業・金属業の守護、産業開発、祈雨、海上の風難・水難・火難除け |
| 神社 | 多度大社、桑名宗社（三重県）など |

# イソタケルノミコト
# 五十猛命

## 日本全国に木の種をまいた植樹の神

　日本中に木を茂らせた木の神。高天原を追放された父スサノオ（➡P46）とともに、たくさんの木の種を持って地上に降りた。父に命じられて妹のオオヤツヒメ、ツマツヒメと全国をまわって木の種をまいた。こうして国中を緑の木々であふれさせ、木国（紀伊国、和歌山県）に住んだという。このことから、植樹・木材の神として妹たちとともにまつ

られることが多い。
　また、オオクニヌシの国づくり神話（➡P76）に出てくるオオヤビコは、イソタケルのことだとされている。オオヤビコは、兄たちに追われるオオクニヌシを、木の俣をくぐらせて木国から根の国（地下世界）へ逃がし、命を救ったのである。そのため、イソタケルは命の神ともされている。

### データ

**植物の神**

|  |  |
|---|---|
| 別名 | 大屋毘古神 |
| 神格 | 木種、木材、命 |
| 特徴 | 日本中に緑を広めた |
| ご利益 | 農林・建築業、造船、航海、大漁、商売繁盛、厄除けなど |
| 神社 | 伊太祁曽神社（和歌山県）、来宮神社（静岡県） |

三章

## 神々の外伝

イソタケルとその妹たちをまつる伊太祁曽神社(和歌山県和歌山市)には、「木の俣くぐり」という、穴のあいた御神木がある。神話にちなみ、この穴をくぐると厄除けになるという。

伊太祁曽神社の「木の俣くぐり」

## データ

| | |
|---|---|
| 別名 | 山王権現、山末之大主神 |
| 神格 | 比叡山、天台宗守護、諸産業振興 |
| 特徴 | 赤い矢に変身して結婚相手を探す |
| ご利益 | 諸産業繁栄、家計繁栄、厄除け開運など |
| 神社 | 日吉大社東本宮（滋賀県）、松尾大社（京都府）、日枝神社（東京都）そのほか全国の日吉（日枝）神社、松尾神社 |

山の神

## 三章 オオヤマクイノカミ 大山咋神

### 仏教とともに広まった比叡山の守り神

オオヤマクイは、滋賀県と京都府にまたがる比叡山の神で、神猿（→P182）を神使とする。もともとは、比叡山周辺の土地をひらき、農業をおこした国土開発・農耕の守り神だったとされる。

788年、比叡山に延暦寺が建てられ、この山の日吉大社にまつられていたオオヤマクイを寺の守護神とした。以後、オオヤマクイの名は、仏教と結びついて全国に広まり、あらゆる産業の守り神となった。

また、丹塗矢という赤い矢に変身する神としても知られる。オオヤマクイは丹塗矢となって女性のもとを訪れ、子を授けるとされている。カモワケイカヅチ（→P180）もそうして生まれたという。

### 神々の外伝

オオヤマクイは、京都府京都市の松尾大社にある「亀の井」という泉の水で酒をつくったと伝わる。そのため、この神社は酒造の守り神とされ、今も酒造家が亀の井の水を酒の仕込みに使っているという。

松尾大社の亀の井

## コノハナノサクヤヒメノミコト
# 木花之佐久夜毘売命

## 桜の花の美しさとはかなさを象徴する女神

オオヤマヅミ（➡P142）の娘で富士山の女神。「木の花（桜）が咲く」という名前のとおり、美しい女神として知られる。高天原から地上に降りたニニギ（➡P96）は、その美しさに一目ぼれして結婚を申しこんだ。オオヤマヅミは長寿をもたらす姉イワナガヒメ（➡P149）も一緒に嫁がせようとしたが、ニニギは姉だけ追い返した。それで、花がはか

なく散るように、それまで永遠とされた人の命も短くなったという。

コノハナノサクヤヒメは、すぐにニニギとの子を授かったが、夫はほかの神の子だと疑った。そこで「あなたの子なら、無事に生まれてくる」と、火をつけた小屋の中でヒコホホデミ（➡P100）ら三つ子を無事に生み、疑いを晴らした。このことから、安産の神ともされている。

172

# 神々の外伝

# 木花之佐久夜毘売命
## コノハナノサクヤヒメノミコト

### その1 富士山本宮浅間大社

　静岡県富士宮市の富士山本宮浅間大社は、コノハナノサクヤヒメをまつる全国約1300の浅間神社の総本社だ。浅間大社は、富士山の噴火を鎮めるため、約2000年前に富士山の神浅間大神をまつったのがはじまりと伝わる。やがて、浅間大神はコノハナノサクヤヒメと同じ神とされるようになったが、そのいきさつはよくわかっていない。

　富士山は、日本一高く美しい姿の山とされる一方、しばしば噴火をくりかえしてきた。その姿が、美しい山の女神であり、炎の中で出産したコノハナノサクヤヒメと結びつけられたとも考えられている。

富士山本宮浅間大社。コノハナノサクヤヒメにちなんで桜が御神木とされ、境内に500本以上の桜が植えられている。

## その2 神話にちなむ吉田の火祭り

山梨県富士吉田市の北口本宮冨士浅間神社では、毎年8月26～27日に富士山の噴火を鎮める鎮火祭(吉田の火祭り)が行われている。26日の夜には、約80本もの巨大な松明と、それぞれの家に立てられた松明に火がつけられ、町が火の海になったように見えるのが特徴だ。

この祭は、コノハナノサクヤヒメが、燃えさかる炎の中で無事出産した神話にちなんではじまったとされている。そのため、松明の消し炭は、防火のほかに安産のお守りになるといわれている。

吉田の火祭り。巨大な松明は長さ3m、直径90cmもある。

## その3 世界に伝わる「バナナ型神話」

神話では、ニニギがコノハナノサクヤヒメと結婚し、姉イワナガヒメを追い返したため、人間の寿命は短くなったとされる。この人間の寿命のはじまりを表す同じような神話が、東南アジアやオセアニアを中心に、世界各地に伝わっている。

インドネシアの神話では、人々がいつまでも変わらない石と、食べられるが腐りやすいバナナを神から贈られ、バナナだけを受け取った。それで、人の命はそれから短くなったという。これに似た神話は、「バナナ型神話」とよばれている。

# シオツチノオジノカミ
# 塩土老翁神

## 潮をよみ、塩作りを伝えた海の神

　潮の流れをつかさどる海の神。名前の「老翁」は、経験豊富な長老を表すといわれる。海幸彦・山幸彦の神話（➡P109）では、兄の釣り針をなくして困っている山幸彦を船に乗せ、海に送り出した。船は無事オオワタツミ（➡P102）の海底宮殿にたどり着き、山幸彦は釣り針を取り戻すことができた。「神武東征」神話（➡P122）ではカムヤマトイワレビコ（➡P110）に、山にかこまれた美しい大和国（奈良県）をめざすよう教えたという。

　つまりこの神は、潮の流れをよんで航海を案内をするとともに、人の知らない情報をあたえてよい方向へ導く神なのである。

　また、人々に塩の作り方を伝えた神としても有名だ。陸奥国塩竈（宮城県塩竈市）にやってきたシオツチノオジは、ここで海水から塩を作る方法を教えたという。

## データ

海の神

| 別名 | 塩椎神、塩筒老翁神 |
| --- | --- |
| 神格 | 海・塩、呪術・予言 |
| 特徴 | 潮の流れをつかさどる。塩作りを伝えた |
| ご利益 | 漁業、農業、製塩、海上安全、延命長寿、家内安全、安産守護など |
| 神社 | 鹽竈神社（宮城県）ほか全国の塩釜神社など |

三章

## 神々の外伝

シオツチノオジをまつる鹽竈神社の末社御釜神社（宮城県塩竈市）にはこの神が使ったと伝わる釜がある。また、毎年7月には藻塩焼神事が行われる。これは古代の塩作りを再現したもので、海藻を使って海水を釜で煮つめ、塩を作っている。

藻塩焼神事のようす

177

# ヤタガラス 八咫烏

## 神武天皇を導いた3本足のカラス

「神武東征」(➡P122)で、カムヤマトイワレビコ(神武天皇)を案内した導きの神。タカミムスビ(➡P18)の使いとして天から降り、天皇軍を熊野(和歌山県)から大和(奈良県)へ案内した。ヤタガラスのおかげで、天皇は危険な目にあわずに、土地の神々をしたがわせることができたという。

この神話のヤタガラスは太陽神アマテラス(➡P40)の使いともされている。日本では昔から、夜明けに大きな声で鳴くカラスは太陽神の使いだと考えられてきた。そこに、3本足のカラスを太陽の化身とする中国の考えが合わさり、3本足のヤタガラスが生まれたと考えられている。

また、海から熊野に降り立った熊野神(➡P184)を道案内したことから、熊野神の使いとしても有名だ。

## 神々の外伝

水の神の巫女タマヨリヒメは、川を流れてきた赤い矢（丹塗矢）を家に持ち帰った。すると、やがてタマヨリヒメからカモワケイカヅチが生まれたという。この矢は山の神オオヤマクイ（➡P170）の化身とも伝わる。

賀茂別雷神社（京都府京都市）

三章

雷の神

### データ
- **別名** 賀茂大神
- **神格** 治水・雷、農業
- **特徴** 平安京の守護神
- **ご利益** 厄除け・開運、祈雨、河川、農産業など
- **神社** 賀茂別雷神社(京都府)、加茂神社(栃木県)ほか全国の賀茂(加茂)神社、雷神社など

# カモワケイカヅチノカミ
# 賀茂別雷神

## 雷神をあやつる京都の守護神

　京都の賀茂別雷神社の祭神として有名な雷除けの神。名の「別雷」は「雷を分ける」という意味で、雷神の上に立ってこれをあやつるという。

　約1450年前、日本中で天気が乱れて不作になり、人々の生活が苦しくなった。天皇が占わせると、カモワケイカヅチのたたりだとわかった。そこで盛大にまつったところ、天気の乱れがおさまり、豊作になったという。これが京都の葵祭(➡P250)のはじまりとされる。

　それ以来、雨ごいや治水、農業の神として信仰を集めた。その後、桓武天皇が平安京に都を移し、この神を京都の守り神とした。そのため、朝廷からあつく信仰され、日本全土の守り神となった。

181

# 神猿 マサル

## データ

**別名** 猿神　**神格** 山神、太陽神およびその神使

**特徴** 山神・太陽信仰の霊獣から神使になった

**ご利益** 厄除け、子宝・安産、無病息災、不老長寿など

**神社** 日吉大社（滋賀県）、日枝神社（東京都）ほか全国の日吉（日枝）神社など

山の神

## 魔除けの力をもつ オオヤマクイの使い

　比叡山の神であるオオヤマクイ（➡P170）の使いとして知られる神使の猿。

　昔の人は、山の中で日の出に合わせて鳴いてさわぐ猿を「猿神」とよび、太陽や山の神としてまつってきた。しかし、次第に神そのものではなく、神の使いとみなされるようになった。

　788年、比叡山に延暦寺が開かれ、日吉大社（滋賀県大津市）にまつられていたオオヤマクイが、延暦寺の守り神となった。やがて、仏教が広まるとともに、オオヤマクイへの信仰が広まり、その使いである猿も全国で知られるようになった。

　オオヤマクイの使いの猿は「神猿」とよばれ、それが「魔が去る」とも聞こえることから、あらゆる災いを取り除くとされている。

### 神々の外伝

　猿神は、昔話で悪い妖怪のようにも伝えられている。それらの昔話では、いけにえとして若い娘をさしださせた猿神を狩人や武士、犬などが退治するケースが多い。

猿神退治の伝説が残る中山神社（岡山県津山市）

三章

# クマノノカミ
# 熊野神

クマノフスミ

## 神秘的な熊野の自然を象徴する3神

和歌山県熊野地方の熊野本宮大社、熊野速玉大社、熊野那智大社にまつられた3神の総称。この3つの神社をまとめて熊野三山、熊野三社ともいう。

熊野本宮大社にまつられる家津御子神は木の神、熊野速玉大社の熊野速玉男神は海の神、熊野那智大社の熊野夫須美神は那智の滝の精霊とされる。つまり、3神で熊野の神秘的な自然を表している。また、ケツミコはスサノオ（➡P46）、クマノハヤタマオはイザナギ（➡P28）とイザナミ（➡P30）の子、クマノフスミはイザナミだとも、アマテラス（➡P40）の子だともいわれている。

熊野三山は、修験道（山岳信仰）や仏教の1つである密教と結びついて発展し、朝廷からあつく信仰された。やがて健康や長寿などを願って、武士や庶民もさかんに熊野へお参りするようになった。

三章

ケツミコ

クマノハヤタマオ

## 神々の外伝

ヤタガラス（→P178）は熊野神の使いとされている。熊野三社の厄除けのお札「牛王宝印」にはヤタガラスがえがかれている。このお札に書いた誓いを破ると、熊野のカラス1羽と本人が死ぬと信じられてきた。

熊野本宮大社の牛王宝印

### データ

山の神

- **別名** 熊野三山
- **神格** 山
- **特徴** 3神合わせて熊野の自然を表す
- **ご利益** 延命長寿、無病息災、海上安全、開運招福、出世成功など
- **神社** 熊野本宮大社・熊野那智大社・熊野速玉大社（和歌山県）など

185

# 九頭竜 クズリュウ

## データ

**水の神**

| | |
|---|---|
| 別名 | 九頭竜大神 |
| 神格 | 水 |
| 特徴 | 9つの頭をもつ竜王 |
| ご利益 | 祈雨・止雨、豊作豊漁、財福、厄除け |
| 神社 | 戸隠神社九頭龍社（長野県）、九頭龍神社（神奈川県）など |

三章

## 9つの頭をもち、水をあやつる竜神

　九頭竜は、その名のとおり9つの頭をもつ竜神だ。すべての竜の中でいちばん神としての位が高く、強い力をもつとされている。古代中国では、竜はいちばん位の高い獣としてあがめられていた。一方、昔から日本では水辺にすむヘビを、水神として信仰してきた。この2つの考えが結びついて「竜神」が生まれ、水をつかさどる神としてまつられるようになった。

　竜神は、激しい雷や嵐をおこして人々を苦しめる恐ろしい神だ。その一方で、人々の雨ごいにこたえ、雨を降らせて豊作をもたらすありがたい神でもあるのだ。

### 神々の外伝

戸隠神社（長野県長野市）の九頭龍社にまつられている九頭竜は、梨が好きだという。梨を食べるのを3年がまんした後、この神に梨をささげると、虫歯が治るといわれている。

戸隠神社の九頭龍社

# コンピラシン
# 金毘羅神

## インドからやってきた海の神

　「こんぴらさん」として親しまれる航海・漁業の神。もともとは、インドの川にすむワニの神「クンピーラ神」だといわれている。仏教を守る十二神将の一人「宮毘羅大将」ともされる。

　日本ではワニ（サメ）が海の神と関係が深かったので、クンピーラ神を海の神「金毘羅神」としてまつるようになったと考えられている。

　この神をまつる金刀比羅宮は、香川県の象頭山（琴平山）にある。この山は昔から瀬戸内海を通る船の目印とされてきた。そのため、金毘羅神は航海・漁業の神として信仰を集めた。江戸時代にはこんぴら参りが大流行して各地から人々が押し寄せ、農村では雨ごいの神とされた。

　さまざまな願いをかなえる神として、今も多くの人がお参りしている。

## 三章

### データ

**海の神**

| | |
|---|---|
| 別名 | 金毘羅大権現（こんぴらだいごんげん） |
| 神格 | 漁業・航海、農業 |
| 特徴 | 海の守り神となったインドのワニの神 |
| ご利益 | 農漁業・航海守護、雨ごい、金運、商売繁盛など |
| 神社 | 金刀比羅宮（香川県）ほか、全国の金比羅・金刀比羅・琴平神社 |

### 神々の外伝

江戸時代、「こんぴら狗」といって、自分の代わりに飼い犬を金刀比羅宮までお参りに行かせる人もいた。この犬は、お金や飼い主の名札を入れた袋を首にかけ、出会った人々の世話を受けながら無事にお参りした。

こんぴら狗の道中をえがいた平林春一画「金毘羅狗図」。

189

# 昔話の神

## 金太郎も浦島太郎も神様!?

　昔話の主人公になった神々は多い。キビツヒコ（➡P132）は「桃太郎」の、スクナヒコナ（➡P72）は「一寸法師」のモデルとされている。それとは反対に、昔話の主人公が神としてまつられることもある。
　「金太郎」は、平安時代の武士である坂田金時（公時）のこととされる。伝説では、金太郎は神奈川県と静岡県にまたがる足柄山地で雷神を父に生まれ、鬼「酒呑童子」退治で活躍したという。金太郎にゆかりの神奈川県箱根町に公時神社、静岡県小山町に金時神社がある。それぞれ子どもや子育ての守り神として金太郎をまつっている。
　「浦島太郎」は、突然出会った乙姫と結婚し、海中の竜宮で地上でいう300年をあっという間に過ごした。そうしたことから、縁結びや長寿の神とされている。浦島太郎を神としてまつっているのが、京都府伊根町の浦嶋神社だ。この神社は竜宮から戻り、天皇から筒川大明神という神の名が贈られた浦島太郎をまつったのがはじまりと伝わる。

金太郎が住んだという金時山（神奈川県箱根町）の宿石。写真のように2つに割れたのは1931年のことだ。公時神社の祭が長い間行われていなかったので、金太郎が怒ったのではないかといわれた。

# 四章 生活の神々

食べ物や衣服、さまざまな道具など、ものづくりをつかさどる神々は多い。また、学問や芸能、商売などの守り神もいる。くらしを豊かにするさまざまな神がいるのだ。

# ウカノミタマノカミ 宇迦之御魂神

## 食べ物の神から万能の神へ

　食べ物の神の代表で、名前の「ウカ」は食べ物を表す。「倉稲魂」とも書き、特に稲や穀物をつかさどる。

　ウカノミタマは、稲荷神ともされ、神使（➡P86）のキツネとともに、「お稲荷さん」ともよばれて親しまれている。

　稲荷神は、もともとは京都の豪族秦氏がまつる農業の守り神だった。やがて稲荷神の信仰が広がるにつれ、平安時代に、同じ食べ物の神であるウカノミタマと結びついたと考えられている。

　その後、商業や工業が発達するとさまざまな産業の守り神にもなった。江戸時代には、都市の路地裏や家の庭などに小さな社がたくさん建てられ、生活すべての願いをかなえる万能の神として、全国へ広まった。こうした小さな社をふくめると、稲荷神をまつる神社は、全国に３万以上あるといわれ、日本でトップクラスの数をほこる。

## データ

**食物の神**

| | |
|---|---|
| 別名 | 稲荷神、倉稲魂命 |
| 神格 | 稲・食物、商工業 |
| 特徴 | キツネを神使とする食物神の代表 |
| ご利益 | 五穀豊穣、産業隆盛、商売繁盛、家内安全、芸能など |
| 神社 | 伏見稲荷大社（京都府）、祐徳稲荷神社（佐賀県）ほか全国の稲荷神社 |

## 神々の外伝

# 宇迦之御魂神
### ウカノミタマノカミ

## その1 ウカノミタマをまつる伏見稲荷大社

ウカノミタマをまつる伏見稲荷大社（京都府京都市）は、全国3万以上といわれる稲荷神社の総本宮だ。

8世紀初め、京都の豪族秦公伊呂具が餅を的にして矢を射た。すると、餅が白鳥に変わって飛んでいき、今の稲荷山に舞い降りた。そこに稲が実ったので、神の恵みと感謝して神社を建てた。これが伏見稲荷大社のはじまりと伝わる。「イナリ」という名は、「稲生る」にちなむともいう。

稲荷神社の中には、ウカノミタマではなく、トヨウケ（➡P199）やウケモチ（➡P212）などを稲荷神としてまつるところもある。これらはすべて、食べ物をつかさどる神であり、ウカノミタマと同じ神と考えられることも多い。

伏見稲荷大社の楼門（左）と千本鳥居（上）。参道には人々が祈願と感謝の気持ちをこめ奉納された1万本以上の鳥居が並んでいる。

# その2 仏教と結びついた稲荷信仰

平安時代、空海が京都に東寺の塔を建てるとき、伏見稲荷大社の稲荷山の材木が使われた。それ以来、伏見稲荷大社は東寺の守り神となり、やがて稲荷神は仏教の神「荼枳尼天」と同じとされるようになった。これが、仏教とともに全国に広まり、寺でも稲荷神がまつられた。

一般に伏見稲荷、豊川稲荷（愛知県豊川市）、祐徳稲荷（佐賀県鹿島市）を日本三大稲荷とよぶことが多い。このうち、豊川稲荷は正しくは妙厳寺という曹洞宗の寺である。この寺では、稲穂をかついで、白狐に乗った荼枳尼天をまつっていることから、豊川稲荷とよばれるようになった。

豊川稲荷の豊川吒枳尼眞天像

# その3 稲荷神とキツネ

稲荷神の使いとして、キツネがよく知られている。どうしてキツネが使いとなったのかについては、「春になると、山の神が里に下りてきて豊作をもたらす田の神になると考えられたことから、同じように春に山から下りてくるキツネが田の神の使いとされた」「仏教で稲荷神とされた荼枳尼天の使いがキツネだから」など、さまざまな説があるが、よくわかっていない。

また、稲荷神へのお供えとして油揚げを供えるのは、キツネの好物だからとされる。そこから、油揚げでご飯を包んだ寿司を「いなり寿司」とよぶようになったという。

## データ

**工芸の神**

| | |
|---|---|
| 別名 | 金山大明神 |
| 神格 | 鉱山・鍛冶・鋳物 |
| 特徴 | 代表的な金属工業の神 |
| ご利益 | 鉱山・金属加工業守護、商売繁盛、開運招福、厄除けなど |
| 神社 | 南宮大社（岐阜県）、黄金山神社（宮城県）など |

四章

## カナヤマヒコノミコト
# 金山彦命

### 神武天皇を助けた金属・武器の神

　鉱石や鉱山から、鍛冶（熱した金属をたたいて強くし、道具を作ること）、武器作りまで、金属全般をつかさどる。イザナミ（➡P30）が火の神カグツチ（➡P146）を生んだとき、苦しんではいたへどから生まれたとされる。

　カナヤマヒコは、「神武東征」（➡P122）での活躍で有名だ。カムヤマトイワレビコ（神武天皇）が苦戦していたとき、金色のトビを送った。このトビが輝いて敵の目をくらまし、おかげで天皇軍が勝ったという。

　岐阜県垂井町の南宮大社は、カナヤマヒコをまつる神社の総本社だ。この地方は、昔から金属業がさかんだった。金色のトビの話は、この神をまつる地元の人々が、優れた武器を天皇にさしだし、大和平定に協力したことを表すとも考えられている。

### 神々の外伝

　岐阜県の南宮大社にまつられているカナヤマヒコは、特に包丁の守り神として有名だ。毎年11月8日の金山祭では、昔ながらの方法で鉄をたたいてきたえ、小刀を作ってカナヤマヒコにささげている。

南宮大社金山祭の鍛冶のようす

# ワクムスビノカミ
# 稚産霊神

## 作物に育つ力をあたえる女神

　食べ物の神トヨウケ（➡P199）を娘にもち、作物に育つ力をあたえる穀物の女神。イザナミ（➡P30）がカグツチ（➡P146）を生んで苦しんだときに生まれたとも、カグツチとハニヤマヒメ（➡P148）の娘とも伝わる。
　この神は頭から蚕と桑、体の中から五穀を生んだという。そのため、ウケモチ（➡P212）と同じように穀物などの生みの親とされている。

### データ

**食物の神**

| | |
|---|---|
| 別名 | 和久産巣日命 |
| 神格 | 五穀、養蚕 |
| 特徴 | 頭から蚕と桑、体から五穀を生む |
| ご利益 | 産業開発、開運招福、災難除け、交通安全など |
| 神社 | 愛宕神社（京都府）、竹駒神社（宮城県）など |

四章

# トヨウケノオオカミ
# 豊受大神

## アマテラスの頼みでまつられた女神

食べ物の神。名は「豊かな食」という意味で、ウカノミタマ（➡P192）と同じ神とされることも多い。

伊勢神宮にまつられていたアマテラス（➡P40）が、天皇の夢に現れ「一人ではさびしいので、トヨウケを食事の調達係としてよんでほしい」と告げた。それで伊勢神宮の外宮に迎えられまつられたという。

やがて、伊勢神宮の信仰が広まるにつれ、代表的な食べ物の神として広くまつられるようになった。

### データ

**食物の神**

| | |
|---|---|
| 別名 | 豊受気毘売神 |
| 神格 | 食物、穀物 |
| 特徴 | アマテラスの食事調達係 |
| ご利益 | 農漁業・諸産業守護、開運招福、災難除けなど |
| 神社 | 伊勢神宮外宮・豊受大神宮（三重県）など |

199

# オオマガツヒノカミ
# 大禍津日神

## あらゆる災いを支配するけがれの神

　オオマガツヒは、名前の「禍津」が凶（悪いこと）を表すように、あらゆる災いを支配する。黄泉の国からもどったイザナギ（→P28）が、洗い落としたけがれから生まれた。このとき同じ災いの神のヤソマガツヒも生まれた。昔から、けがれは不幸のもとと考えられてきた。そのけがれから生まれたオオマガツヒは、まさに不吉の象徴なのだ。

　この神は、祭で神にささげる言葉をまちがえると、災いをおこすという。そのため、まちがわずにまつれば、反対に災いを防ぐ守り神になる。

　また、オオマガツヒとヤソマガツヒの後、カムナオヒとオオナオヒが生まれた。こちらは災いの反対の吉を表し、清浄や平安を象徴している。

## データ

呪術の神

- **別名** 瀬織津姫神
- **神格** 災厄、おはらい
- **特徴** あらゆる災いを支配
- **ご利益** 厄除け、招福
- **神社** 瀬織津姫神社（石川県）、小野神社（東京都）など

## 神々の外伝

　福岡県福岡市の警固神社では、ヤソマガツヒとカムナオヒ、オオナオヒの3神が警固大神としてまつられている。ヤソマガツヒは災いから守り、ほかの2神は災いを正しい方へ導くとされる。

警固神社

# ナキサワメノカミ
# 哭沢女神

## イザナギの流した涙から生まれた水の女神

イザナギ（➡P28）が妻イザナミ（➡P30）を亡くして流した涙から生まれた水の女神。昔、葬式のときに泣いて死者の魂をなぐさめる「泣き女」という仕事があった。この神はその神格化と考えられている。

「沢」には、泉や井戸という意味もあり、ナキサワメは井戸の神ともされた。また、水は生命の源と考えられてきたことから、赤ちゃんの守り神、長寿の神としても信仰される。

この神は、奈良県橿原市にある畝尾都多本神社（哭沢女神社）の御神体である井戸に住むといわれている。

### データ

**水の神**

| | |
|---|---|
| 別名 | 泣沢女命 |
| 神格 | 井戸・泉 |
| 特徴 | イザナギの涙から誕生 |
| ご利益 | 出産・新生児守護、生命長久など |
| 神社 | 畝尾都多本神社（奈良県）など |

# アメノハヅチオノミコト
# 天羽槌雄命

## 織物の産地にまつられる機織の祖先神

　織物の守り神。「天岩戸隠れ」（→P56）で、「倭文の綾織」という美しい布を織ってアマテラスにささげた。このことから、アメノハヅチオは別名を倭文神ともいう。
　「倭文」とは、麻などの繊維を織った古代の織物のことだ。そのため、この神は、かつて倭文の産地だったところにまつられている。たとえば、鳥取県にある倭文神社は、アメノハヅチオを織物の元祖としてまつっている。また、茨城県にある静神社も、この神をまつっていて、今も織物業者の信仰を集めている。

### データ

工芸の神

| | |
|---|---|
| 別名 | 建葉槌命、倭文神 |
| 神格 | 織物、機織りの祖先 |
| 特徴 | 機織りをつかさどる |
| ご利益 | 織物業守護、商売繁盛など |
| 神社 | 倭文神社（鳥取県）、静神社（茨城県） |

四章

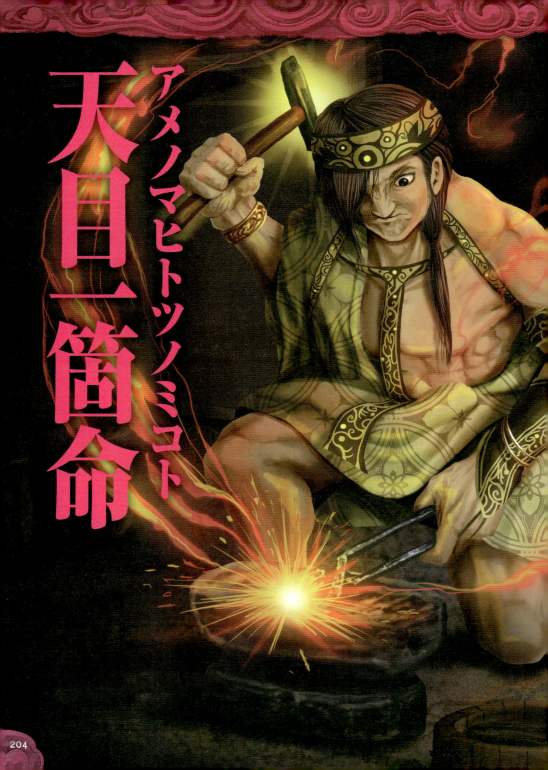

# 地上に鍛冶技術をもたらした一つ目の神

　地上に鍛冶（熱した金属をたたいて強くし、道具を作ること）の技術をもたらした神。日本の神ではめずらしく、一つ目という特徴がある。

　アメノマヒトツは、「天岩戸隠れ」（➡P56）で、祭用の刀や大きな鈴などを作った。その後、ニニギの「天孫降臨」（➡P108）にお供して高天原から地上界に降りた。

　この神は台風の神ともされる。三重県桑名市にある多度大社の別宮一目連社では、アメノマヒトツを嵐から人々を守り、恵みの雨を降らせる神としてまつっている。また、一つ目ということから、眼病の神としてまつる神社もある。

　なぜ、この神が一つ目なのかは、「鍛冶職人が片目を閉じて作業をするから」など、さまざまな説があるが、よくわかっていない。

## データ

**工芸の神**

| | |
|---|---|
| 別名 | 天之麻比止都禰命 |
| 神格 | 金工・鍛冶、山、火 |
| 特徴 | 一つ目の鍛冶の神 |
| ご利益 | 農漁業・金属工業守護、眼病予防など |
| 神社 | 多度大社別宮一目連社（三重県）、天目一神社（兵庫県）など |

## 神々の外伝

　鍛冶の神はほかの国でも一つ目であることが多い。たとえば、ギリシア神話に出てくる、ゼウスのために雷電という武器を作った神キュクロプスも、やはり一つ目である。

ギリシア神話の鍛冶の神キュクロプス

# 妖怪と神のちがい

## 妖怪は落ちぶれた神⁉

　人々からまつられなくなった神が、落ちぶれて妖怪になるという説がある。その代表例が一つ目小僧などの一つ目の妖怪だ。これらは、もともとは山の神だったと考えられている。
　紀伊半島などに伝わる「一本だたら」も一つ目一本足の妖怪で、雪に片足だけの足跡を残すという。「たたら」とは古代の足踏み式ふいごをもつ製鉄炉のことだ。
　そうしたことから、一本だたらは、もともとは製鉄・鍛冶職人たちがまつった山の神だったともいわれる。さらに、一つ目の鍛治の神アメノマヒトツ（➡ P204）とも深い関係があると考えられている。

## 神としてまつられる鬼と天狗

　山に住む鬼と天狗は、特に有名な妖怪だ。鬼は人を食べるとされ、人々に恐れられた。その一方で、人の役に立つ優しい鬼の話も多く伝わっている。そのため、鬼を神としてまつっている神社も多い。
　鼻が高く、空を飛び回る天狗は、妖怪よりも神に近いとされる。実際に山伏（山の修行僧）は、天狗を山の神として信仰し、京都・愛宕山の太郎坊（➡ P147）のように、全国にその信仰を広めた。

坂田公時（金太郎➡P190）らに退治される鬼「酒呑童子」。酒呑童子は、京都の大江山にすむ山の神だったと考えられている。「頼光四天王大江山鬼神退治之図」。

## 河童と座敷童子は妖怪？

　河童は、さまざまな名前で広く親しまれている水辺の妖怪だ。別名の1つ「メドチ」は水の精霊を表し、妖怪と神の中間的な存在といえる。鬼と同様に、人や馬を水中に引きずりこむ恐ろしい妖怪の面と、水難を防ぎ、恵みの雨を降らせる水の神の面をあわせもっているのだ。

　河童をまつる神社は、全国にある。青森県津軽地方では、河童を「水虎様」とよび、水難除けの守り神として大事にまつっている。

　岩手県を中心に伝わる座敷童子も、妖怪と神の中間といえる。座敷童子が住む家は栄え、いなくなると不幸になることから、座敷童子は家の守り神とも考えられている。

青森県津軽地方でまつられる水虎様の像。明治時代、水難事故が続いたため、水難除けとして河童をまつったのがはじまりという。

## 神ではない付喪神

　付喪神は、名前に「神」とつくが妖怪だ。昔の人々は、作られてから100年たった道具には魂が宿り、妖怪になると考えてきた。さまざまな道具が化けた付喪神は、人や馬をおそって食べるなど悪事を働いた。さらに、夜中に京都の町を練り歩いたという（百鬼夜行）。

付喪神が練り歩くようすをえがいた『百鬼夜行絵巻』（一部）。

## アメノウズメノミコト
# 天鈿女命

### 熱狂的な踊りで
### アマテラスを誘い出した

　アメノウズメは芸能の女神。「天岩戸隠れ」（➡P56）で天岩戸の前で熱狂的に踊り、天岩戸に隠れたアマテラス（➡P40）を外に誘い出した。アメノウズメの踊りが、高天原の神々を大笑いさせ、アマテラスの興味を引いたのだ。この踊りは、日本の芸能の原点である神楽（神にささげる歌や踊り）のはじまりとされている。また、演技がうまかったことから、この神が俳優の元祖ともいわれている。

　アメノウズメは、今でもあらゆる神々をとりこにする力をもつ存在とされ、歌舞伎や演劇などの神として信仰されている。たとえば、京都府京都市の映画撮影所近くにある車折神社の中には、アメノウズメをまつった芸能神社があり、多くの芸能人などがお参りに訪れている。

四章

芸能の神

| データ | |
|---|---|
| 別名 | 天宇受売命（あめのうずめのみこと） |
| 神格 | 芸能 |
| 特徴 | 熱狂的な踊りで神々を元気づける |
| ご利益 | 芸能・茶道・華道上達、縁結び、夫婦円満など |
| 神社 | 椿大神社別宮椿岸神社（三重県）、佐倍乃神社（宮城県）など |

209

## 神々の外伝

# 天鈿女命
### アメノウズメノミコト

## その1 サルタヒコと結婚したアメノウズメ

ニニギが天孫降臨する途中、地上の神サルタヒコ（→P98）が現れた。このとき、堂々とサルタヒコの正体を問いただしたのが、ニニギに同行していたアメノウズメだ。これが縁で、アメノウズメはニニギに命じられ、サルタヒコを彼の故郷の伊勢（三重県）まで送り届けた。

その後、2神は結婚し、アメノウズメの子孫は「猿女君」とよばれるようになった。猿女君は、宮中の重要な祭で神楽などの芸能をささげた。その踊りは、天岩戸の前で踊ったアメノウズメのように、熱狂的で色気があり、人々をとても楽しませるものだったという。

サルタヒコをまつる椿大神社（三重県鈴鹿市）の獅子舞。獅子（写真左）はアメノウズメ、獅子の先導役（右）はサルタヒコとされている。椿大神社の別宮椿岸神社にはアメノウズメがまつられている。

四章

## その2 「おかめ」のモデル!?

「おかめ」「お多福」とよばれる女性の面は、アメノウズメがモデルだともいわれる。「天岩戸隠れ」の神話が神楽や能・狂言などの題材となり、おもしろおかしく踊って神々を笑わせたアメノウズメの姿が、それらの面に結びついたと考えられている。

「おかめ」「お多福」といえば、女性への悪口として使われることもある。その一方で、愛きょうがあって福をよぶ顔として、おかめやお多福は福の神とされることも多い。

「高千穂の夜神楽」（宮崎県高千穂町）の「鈿女の舞」

## その3 子孫が『古事記』を編さんした!?

712年に完成した『古事記』は、天皇の命令で日本の神話や歴史をまとめたものだ。『古事記』は、宮廷に伝わっていた伝承を稗田阿礼が覚えて語り、これを太安万侶が書き記す形でまとめられた。

稗田阿礼について、くわしくはわかっていないが、アメノウズメの子孫「猿女君」の一族とされる。稗田阿礼の出身地である奈良県大和郡山市の賣太神社では、アメノウズメ、サルタヒコとともに、稗田阿礼を学問・知恵の神としてまつっている。

稗田阿礼をしのぶ賣太神社の阿礼祭

211

# さまざまな食べ物を生み出した女神

『日本書紀』に登場する食べ物の神で、イザナギ（➡P28）とイザナミ（➡P30）の娘。

あるとき、ツキヨミ（➡P44）が訪ねてくるとウケモチは喜び、ご飯や肉、魚を山盛りにしてもてなした。しかし、それらはウケモチが口から出した食べ物だったので、ツキヨミは「そんな汚いものを食べられるか」と怒り、ウケモチを切り殺してしまった。

その後、死んだウケモチの頭から馬や牛、額から粟、まゆ毛からは蚕、目からヒエ、腹から稲、下半身から大豆や小豆が生まれた。このことからウケモチは、食べ物や養蚕のはじまりの神となり、農漁業や畜産、養蚕などの守り神とされている。

## データ

**食物の神**

| | |
|---|---|
| 別名 | 大宜都比売神 |
| 神格 | 農業、食物 |
| 特徴 | 体からさまざまな食べ物を生み出す |
| ご利益 | 農漁業・養蚕・狩猟・畜産、安産、産業、厄除けなど |
| 神社 | 竹駒神社（宮城県）、岩内神社（北海道）など |

## 神々の外伝

死体から農作物が生まれるという神話は、世界各地にある。この神話は、焼畑農業の、山を焼いてできた草木の灰（死体）が肥料となって作物が育つようすを表すといわれている。これに稲作もからみ、ウケモチの神話になったと考えられている。

宮崎県椎葉村に残る原始的な焼畑農業

# オオトシノカミ
# 大年神

## 大晦日にやってきて幸せをもたらす豊作の神

オオトシは、スサノオ（➡P46）とカミオオイチヒメ（➡P218）の間に生まれた豊作の神。名前の「大年」とは大晦日のこと。これと関係のある次のような昔話がある。

大晦日の夜、貧しい農家に、みすぼらしい姿の老人が「泊めてほしい」とやってきた。親切に老人を泊めると、翌朝、老人の姿はなく、たくさんの金が残されていた。それでその

家はとても金持ちになった。人々は「オオトシがきた」のだとうわさし、それにあやかるため、大晦日にオオトシをまつるようになったという。

名前の「トシ」には豊作の意味もあることから、オオトシは年越し（大晦日）にやってきて、新年に豊作をもたらす神だとされている。年末の大掃除や正月の門松など、オオトシへの信仰は、今も身近に残っている。

214

四章

| | |
|---|---|
| 別名 | 大歳神(おおとしのかみ) |
| 神格 | 農業、穀物(こくもつ) |
| 特徴(とくちょう) | 年越しにやってきて新年に豊作(ほうさく)をもたらす |
| ご利益 | 五穀豊穣(ごこくほうじょう)、諸産業隆昌(しょさんぎょうりゅうしょう)、家内安全、開運など |
| 神社 | 大歳御祖神社(おおとしみおやじんじゃ)(静岡県(しずおかけん))、下谷神社(したやじんじゃ)(東京都(とうきょうと))、阿多由太神社(あたゆたじんじゃ)(岐阜県(ぎふけん))など |

農業の神(のうぎょうのかみ)

215

# 神々の外伝

# 大年神
## オオトシノカミ

## その1 なまはげはオオトシ!?

秋田県の男鹿半島一帯では、恐ろしい鬼の姿をした「なまはげ」が大晦日や1月15日の小正月に家々を訪れる風習がある。

なまはげは、出刃包丁をふり上げながら、「泣く子はいないか、なまけ者はいないか」とおどし、子どもたちをふるえあがらせる。その一方で、1年のけがれをはらい、新しい年の幸福をもたらすのだ。

なまはげは、もともと年のかわり目にやってきて新年の豊作と新しい生命力をもたらす神とされ、オオトシとほぼ同じ神と考えられている。

秋田県男鹿半島のなまはげ

## その2 各地のなまはげ行事

　日本各地でなまはげと同じような行事が行われている。名前や姿などは多少ちがうが、どれも夜に家を訪れて幸福をあたえるという共通点がある。

岩手県大船渡市のスネカ

石川県能登町、輪島市のアマメハギ

秋田県男鹿半島のなまはげ

鹿児島県甑島のトシドン

山形県遊佐町のアマハゲ

## その3 オオトシの力が宿るお年玉

　鹿児島県のなまはげ行事で現れるトシドンは、子どもに大きな餅をあたえる。この餅を年玉といい、もらわないと歳をとることができないという。もともと「お年玉」は、オオトシの力が宿った丸い餅だったという説がある。これと年始に贈り物をする風習が結びつき、今のような正月の特別なこづかいとしての「お年玉」になったと考えられている。

　また、門松はオオトシがきて宿るものであり、雑煮はお供えの鏡餅を下ろして食べることで、オオトシの力を得るという意味がある。正月行事はオオトシを迎えてまつり、1年の幸福を祈るためのものなのだ。

## 神々の外伝

飛鳥時代に聖徳太子が市をつくったとする伝説がある。しかし、最古の記録として残っているのは次の奈良時代で、奈良県に海石榴市、大阪府に阿斗桑市などの市があったとされる。

海石榴市の跡地で行われている大和さくらい万葉まつり（奈良県桜井市）

# 四章

## カミオオイチヒメノミコト 神大市姫命

### 市場を見守る五穀の女神

名前の「神大市」は「神々しい立派な市」を意味することから、市場の守り神とされる。

カミオオイチヒメは、もともとは五穀の女神で、スサノオ（→P46）と結婚して、娘ウカノミタマ（→P192）を生んだ。また、オオトシ（→P214）の母であることから、大歳御祖神ともよばれる。

昔から、道と道が交わる場所には多くの人と物が集まった。やがてそこに市がつくられた。当時、こうした市では、おもに食べ物があつかわれていた。それで、穀物の神カミオオイチヒメが、市が発達するにつれて市場の守り神にもなったと考えられている。さらに今では百貨店の神として、商売繁盛の恵みを授けるとされている。

### データ

商業の神

| | |
|---|---|
| 別名 | 大市比売命 |
| 神格 | 市、五穀 |
| 特徴 | 市場の繁栄を見守る |
| ご利益 | 市場・百貨店守護、商売繁盛、開運招福、女性守護など |
| 神社 | 市比売神社（京都府）、大内神社（岡山県）ほか各地の市比売神社など |

# クエビコノカミ
# 久延毘古神

## とびぬけて物知りな案山子の神

　クエビコはこの世のことは何でも知っている案山子の神。「国づくり」神話（→P76）で、オオクニヌシの前にスクナヒコナ（→P72）が現れたとき、だれも彼のことを知らなかった。しかし、クエビコだけは「その神は、カミムスビ（→P20）の子のスクナヒコナです」と答えられた。
　この話から、クエビコは知恵や知識の神とされ、学業の守り神としてまつられている。
　クエビコとは「風雨にされされてくちはてた男（崩え彦）」という意味で、案山子のこと。昔の人は、一本足で田の中に立ち、世の中を見つめ続ける案山子には、たくさんの情報がつまっていると考えたのだ。
　また、案山子は本来、田を守る働きをすることから、豊作をもたらす田の神、水の神ともされている。

### データ

学問の神

| | |
|---|---|
| 別名 | 山田のそほど |
| 神格 | 知恵、田・水 |
| 特徴 | この世のことは何でも知っている |
| ご利益 | 受験・進学・就職などの成就 |
| 神社 | 大神神社末社久延彦神社（奈良県）、久氐比古神社（石川県）など |

### 神々の外伝

　中部地方には、案山子あげという行事がある。これは田を見守ってくれた案山子にお供えものをして月見をさせるものだ。また、田の神が山に帰る旧暦10月10日に、餅を食べる十日夜という行事もある。

長野県池田町の案山子あげ

四章

# 四章

# 奥津彦命・奥津姫命
## オキツヒコノミコト・オキツヒメノミコト

## かまどの火を信仰の対象としたかまど神

かまどの火に宿る神で2神合わせて大戸比売神ともいう。稲の神オオトシ（➡P214）の子なので、豊作の神ともされる。

この神は、一般にかまど神として知られる。料理に使う大事な火をつかさどるため、人々が土間で火を使いはじめたときから、家の中にまつられてきた。家の守り神の代表ともいわれる。しかし、けがれに敏感で、この神をけがすようなことをすると、激怒して大きな災いをおこすと信じられている。

現代では、かまどに代わってガスコンロが使われるようになったが、今でも火災除けとして、台所にかまど神のお札をはる家もある。

### 神々の外伝

かまどは昔から家の象徴だった。古墳時代、仁徳天皇は、家々からかまどの煙が上っていないのを見て、人々が生活に困っているのを知り、3年間税金などを取るのをやめたという。

古墳時代のかまど（復元）

# アジスキタカヒコネノミコト
# 阿遅鉏高彦根命

## 農業と雷をつかさどる美しい男神

　オオクニヌシ（→P60）と宗像三女神のタゴリヒメ（→P160）の子で、農業の神。名前の「鉏」は、農具の鋤を表している。

　この神が義理の弟アメノワカヒコ（→P80）の葬式に出たとき、彼と顔がそっくりだったため、死者が生き返ったとまちがわれた。それに激怒したアジスキタカヒコネは、葬式小屋を切り倒し、光りながら天空へと飛び去ったという。また、子どものころ泣いてばかりいたので、はしごを上り下りさせられたと伝わる。

　そうした姿から、古代の人々は、天地を行き来する雷を想像した。そのため、アジスキタカヒコネは、農業の神というだけでなく、雷神としても信仰されている。

### データ

農業の神

| 別名 | 阿遅志貴高日子根命、迦毛之大御神 |
| 神格 | 雷、農業 |
| 特徴 | アメノワカヒコとそっくりな美青年 |
| ご利益 | 農業守護、家内安全、縁結びなど |
| 神社 | 高鴨神社（奈良県）、都々古別神社（福島県）、二荒山神社（栃木県） |

四章

## 神々の外伝

この神は迦毛之大御神（かものおおみかみ）ともいい、大和国（やまとのくに）（奈良県（ならけん））葛城地方（かつらぎちほう）の豪族鴨（ごうぞくかも）（賀茂（かも））氏（し）の守護神（しゅごしん）とされる。この神をまつる奈良県（ならけん）御所市（ごせし）の高鴨神社（たかかもじんじゃ）は、日本最古（にほんさいこ）の神社の1つだ。

高鴨神社（たかかもじんじゃ）（奈良県御所市（ならけんごせし））

# ヤノハハキノミコト
# 矢乃波波木命

## 出産を見守るほうきの神

オオトシ（➡P214）の娘でほうきの神。人間の生と死、特に出産に深く関係する神としても知られる。

名前の「波波木」は、ほうきのことで、掃くことを意味している。その音が「母木」と同じで、これは「生命を生む木」を表す。また、ほうきで腹をなでると安産になるといわれてきた。これらのことから、出産のときに母親と赤ちゃんを守る安産、育児の神になったと考えられている。

### データ

**家の神**

| | |
|---|---|
| 別名 | 箒神、波比伎神 |
| 神格 | 出産、家 |
| 特徴 | 出産を守る |
| ご利益 | 家屋敷・安産・育児守護、家内安全、招福など |
| 神社 | 伊勢神宮内宮域内（三重県）、坐摩神社（大阪府）など |

# アメノイワトワケノミコト
# 天石門別命

四章

## ニニギのお供として地上へ降りた門の神

　悪霊の侵入を防ぐ門の神。名前は天上界の入り口にある岩でできた門という意味だ。アマテラス（➡P40）から地上の宮殿の門を守るよう命じられ、ニニギ（➡P96）のお供として、天上から地上へ降りたという。そのため、天皇の宮殿の四方の門にこの神がまつられた。

　名前から岩との関係も深く、櫛岩窓神社（兵庫県篠山市）では、山の上にある巨石をご神体としてまつっている。

**データ**

家の神

| | |
|---|---|
| 別名 | 櫛石窓命、豊石窓命 |
| 神格 | 門 |
| 特徴 | 悪霊の侵入を防ぐ |
| ご利益 | 家内安全、無病息災など |
| 神社 | 櫛岩窓神社（兵庫県）天乃石立神社（奈良県）など |

## データ

**工芸の神**

| | |
|---|---|
| 別名 | 万幡豊秋津師比売命 |
| 神格 | 織物 |
| 特徴 | ニニギを生んだ美しい女神 |
| ご利益 | 織物業守護、子宝・安産など |
| 神社 | 塩沢神社（福島県）、椿大神社（三重県）など |

## 神々の外伝

昔、美しい織物は神への最高のささげものだった。それを織る美しい娘は、神につかえる巫女として、人と神の間をとりもつと考えられた。昔話の機織りの女性が、人と神をつなぐ存在として書かれているのは、そのためだ。

# 四章

# タクハタチヂヒメノミコト
# 栲幡千々姫命

## ニニギを生んだ美しい織物の女神

織物の女神で、名前の「栲」は紅葉のきれいなヌルデの木、「幡」は機織り機、「千々」は縮むようすを意味している。つまり、縮み織の色鮮やかで美しい織物の女神なのだ。

機織りの神が女性なのは、昔からこの仕事が女性によって行われてきたことが背景にあると考えられている。昔話でも、「つるの恩返し」などのように機織りをする女性が、人間界と神の世界を結ぶ役割として出てくることがある。

また、タクハタチヂヒメは、アメノオシホミミ（➡P78）と結婚して子を生んだ。その子こそ、のちに天孫降臨で地上の世界へ降り立つニニギ（➡P96）である。そのため、安産や子宝の神としてもまつられている。

# タカクラジノミコト
# 高倉下命

### 神武天皇を救った穀物倉庫の神

「神をまつる高い倉の主」という意味の名前をもつ穀物倉庫の神。古代の人々にとって穀物は命をつなぐ大切な食料であり、それを保管する倉庫には霊が宿ると考えられていた。この信仰がタカクラジを生み出したと考えられている。

この神は「神武東征」(➡P122)で、カムヤマトイワレビコ(神武天皇)の危機を救ったことで知られる。ナガスネヒコ軍に敗れた天皇軍は、河内(大阪府)から船で熊野(和歌山県)に上陸した。しかし、山に化熊が現れて天皇軍の戦意を失わせた。これを知った軍神タケミカヅチ(➡P84)は、フツノミタマという霊剣を熊野にいたタカクラジにあたえ、天皇に届けるよう命じた。タカクラジが天皇に剣を差し出すと、天皇軍は元気を取り戻したという。

## データ

食物の神

| | |
|---|---|
| 別名 | 熊野高倉下命、天香山神 |
| 神格 | 倉庫 |
| 特徴 | 穀物貯蔵庫の守り神 |
| ご利益 | 倉庫業守護など |
| 神社 | 高倉神社(三重県)、神倉神社(和歌山県)、高座神社(兵庫県)など |

四章

## 神々の外伝

神武天皇を助けた後、タカクラジは、天皇の命令で越後に住んだ。そこで住民に農漁業、塩や酒づくりを教え、開発を手助けした。そのため、国土開発の神としてこの神を天香山神の名でまつる神社もある。

天香山神をまつる弥彦神社（新潟県弥彦村）

四章

## 不老不死の果実を求めて長旅に出た菓子の神

不老不死の果実を持ち帰ったお菓子の神。

タジマモリは、垂仁天皇の命令で、食べると不老不死になるトキジクノカクノコノミという果実を探す旅に出た。10年もの長旅の末、海の彼方にある常世の国で、ついにその果実を見つけた。葉と実のついた枝を8本、実だけついた枝を8本持って、日本へ戻ってきたが、天皇はすでに亡くなっていた。タジマモリは、持ち帰った果実の半分を皇后に渡し、残りを天皇の墓に供えると、悲しみのあまり、泣きさけびながら亡くなったという。

この果実はミカンのもとになった橘の実といわれている。昔の菓子は、すべて果実や木の実から作っていた。そのため、タジマモリは菓子の神としてまつられている。

### 神々の外伝

兵庫県豊岡市の中嶋神社は、タジマモリをまつる神社の総本社だ。「中嶋」の名は、タジマモリの墓が、垂仁天皇の古墳（墓）のほりの中に小島のように浮かんでいることにちなむという。毎年4月には菓子祭（橘菓祭）が行われ、全国の菓子業者が集まる。

中嶋神社の菓子祭

# 磐鹿六雁命
## イワカムツカリノミコト

### 天皇の舌を満足させた料理の神

日本料理の大もとを築いた料理の守り神。

昔、天皇が上総国（千葉県）を訪れたとき、姿を見せずに鳴く鳥を見ようと海に入り、白蛤とカツオを手に入れた。お供をしていたイワカムツカリは、蒲の穂をたすきにかけ、それらを料理して天皇にささげた。すると、天皇はそのおいしさにとても喜んだ。その後、この神の子孫である高橋氏が代々、天皇の料理係を務めることになったという。

栃木県小山市の高椅神社は、高橋氏が祖先神イワカムツカリをまつったもので、千葉県南房総市の高家神社は、神話ゆかりの地に建っている。どちらも、料理関係者の信仰を集めている神社だ。

## 神々の外伝

昔、高椅神社の井戸から現れた鯉が天皇にささげられた。天皇は神聖な魚の鯉が現れたと大喜びし、鯉を大事にするようにと神社に額を送った。それ以来、高椅神社を信仰する住民は、決して鯉を食べなくなったという。

高椅神社の千年の池。伝説にちなみ、高椅神社は「鯉の明神」とよばれる。

四章

| データ | | |
|---|---|---|
| 別名 | 磐鹿六鴈命（いわかむつかりのみこと） | 神格 料理（りょうり） |
| 特徴 | 日本料理の大もとを築いた | |
| ご利益 | 料理人守護、料理や醤油などの関係業守護 | |
| 神社 | 高椅神社（栃木県）、高家神社（千葉県）など | |

食物の神

# ノミノスクネ
# 野見宿禰

四章

## 無類の力持ちで力士の元祖とされる相撲の神

出雲国（島根県）出身の勇者で、力持ちの相撲の神。

垂仁天皇は、ノミノスクネと、大和国（奈良県）の力持ちタイマノケハヤをよんで対決させた。激しい戦いの末、ノミノスクネがタイマノケハヤを蹴り倒したことで勝負がついた。これが、古代の朝廷で行われていた年中行事「相撲節会」のはじまりとされ、今の大相撲の原点ともされている。

ノミノスクネは、各地の野見宿禰神社でまつられている。そのうち東京都墨田区にある神社は、大相撲が行われる両国国技館の近くにあり、日本相撲協会が管理している。

### データ
**武芸の神**

| | |
|---|---|
| 別名 | 弩美宿禰 |
| 神格 | 相撲 |
| 特徴 | 力士の元祖とされる |
| ご利益 | スポーツ技術向上、陶芸上達など |
| 神社 | 穴師坐兵主神社摂社相撲神社（奈良県）、ほか各地の野見宿禰神社など |

### 神々の外伝

天皇などの墓には、生きた人が一緒に埋められていた。しかし、垂仁天皇の皇后が亡くなったとき、ノミノスクネは、人の代わりとして、土製の人形を天皇に差し出した。これが古墳などに埋められた「埴輪」のはじまりとされる。

原山一号古墳（福島県泉崎村）から出土した力士像埴輪。

237

# アメノミカゲノミコト
# 天之御影命

## 武将の信仰も集めた刀鍛冶の神

　刀鍛冶（刀を作る職人）の元祖とされる神。もともとは滋賀県にある三上山の神だったと考えられている。

　昔からこのあたりには、大陸からきた人々が多く住み、進んだ技術を伝えた。そのうち、鍛冶（熱した金属をたたいて強め、道具を作ること）の職人たちが、三上山の神であるアメノミカゲを鍛冶の神としてまつるようになったと考えられている。

　武将たちは、アメノミカゲが優れた刀を生み出し、勝利をもたらすと信じた。そのため、多くの武将から武神としても信仰された。

### データ

工芸の神

| | |
|---|---|
| 別名 | 明立天御影命 |
| 神格 | 刀鍛冶 |
| 特徴 | 優れた刀を生み出す |
| ご利益 | 鍛冶・鋳物業守護、家内安全、災難除けなど |
| 神社 | 御上神社（滋賀県）など |

# 大宮能売命
## オオミヤノメノミコト

### 愛想よく優美に仲をとりもつ市場の神

　市場・デパートの神。アマテラス（➡P40）の侍女としてその心をよくくみとり、すべてうまくいくように、愛きょうをふりまき、優美に神々の間をとりもった。愛想よく相手をもてなすことから、市場やデパート、ホテルなどの守り神とされている。

　もともとは、食物の神ウカノミタマ（➡P192）の巫女だったとする説もある。昔の市ではおもに食べ物を扱っていた。それで、食べ物に関係したオオミヤノメが、カミオオイチヒメ（➡P218）のように、市場の神になったとも考えられている。

**データ**

商業の神

| | |
|---|---|
| 別名 | 宮比神 |
| 神格 | 市、食物 |
| 特徴 | 愛想よく仲をとりもつ |
| ご利益 | 商売繁盛、農業守護、家内和合、病気治癒、厄除開運など |
| 神社 | 大宮売神社（京都府）など |

四章

## データ

呪術の神

- **別名** 役小角
- **神格** 修験道の開祖、悪霊ばらい
- **特徴** 空を飛び、鬼を操る
- **ご利益** 悪霊ばらい、開運長生、縁結びなど
- **神社** 金峯山寺、吉祥草寺（奈良県）ほか修験道の霊山など

## 神々の外伝

役行者が従えた前鬼と後鬼は修行の末に人間になった。そして、里に下りて大峰山（奈良県）で修行する人々を助けるように役行者から命じられた。奈良県下北山村にある前鬼の里では、前鬼と後鬼の子孫という人が、今も修行者用の宿を開いている。

前鬼の子孫の宿「小仲坊」

四章

# えんのぎょうじゃ
# 役行者

## まじないで鬼を従え仙人になった行者

　1300年以上前に修験道という宗教を開いた行者。悪霊をはね返す力を授ける神として信仰される。

　大和国（奈良県）の葛城山で30年以上修行し、あらゆる災いを取りのぞくまじないの力を身につけた。その力で前鬼と後鬼という鬼の夫婦を従え、雑用をさせたという。その後、弟子に裏切られて伊豆大島へ島流しにされた。しかし、夜になると海の上を歩き、空を飛んで富士山まで行って修行し、朝には島へ戻るという生活を続けた。そして、罪を許されると、仙人になってどこかへ飛んでいったと伝わる。

　役行者のまじないの力は、天候や健康に効果があるとされ、それらに関する御利益を授かるという。このほか縁結びや試験合格などの願いもかなうとされている。

241

四章

## データ

**学問の神**

| 別名 | 天神様、天満天神 |
|---|---|
| 神格 | 学問・受験 |
| 特徴 | 怨霊から学問の神になる |
| ご利益 | 受験合格、文芸・学問上達、農業守護、病気平癒など |
| 神社 | 北野天満宮（京都府）、太宰府天満宮（福岡県）ほか各地の天満宮、天神社など |

# たたりを恐れてまつられた学問の神

平安時代の学者・政治家。今では学問・受験の神として、「天神様」とよばれて広く親しまれている。

道真は和歌や学問にすぐれ、朝廷で高い地位に就いた。しかし、権力者の藤原氏にねたまれ、無実の罪で京都から大宰府（福岡県太宰府市）へ流されて、2年後に亡くなった。

道真の死後、京都では藤原氏の一族が次々と病死するなど不吉なことが続いた。貴族たちはこれを道真のたたりとして恐れた。その後、宮殿に雷が落ちると、人々は道真の怨霊（➡P244）が京都北野の雷神「火雷天神」と合体したと考えた。そこで、道真の怒りを鎮めるため、北野天満宮を建て、「天満大自在天神」としてまつったという。こうして道真は天神様とよばれるようになった。

江戸時代になると、道真が和歌や学問にすぐれていたことが注目されるようになった。寺子屋（当時の学習塾）に天神像が置かれ、道真は学問の神として広まった。

243

## 神々の外伝

# 菅原道真
### すがわらのみちざね

## その1 道真をまつる北野天満宮

昔の人々は、うらみや未練を残して死んだ人の怨霊が、天災や疫病をおこすと信じていた。そして、怨霊を神としてまつることで怒りを鎮め、災いを防ごうとした。これを御霊信仰という。菅原道真が神としてまつられるようになったのも、この御霊信仰によるものだ。

京都市上京区の北野天満宮は、道真のお告げをきいた巫女が、道真の霊をこの地にまつったのがはじまりという。このとき、すでに道真の死後40年もたっていたが、その怨霊はまだ恐れられていたのだ。

それ以来、道真は怨霊から「天満大自在天神」という万能の神となり、今も多くの人々の信仰を集めている。

930年、天皇のすまい「清涼殿」に雷が落ち、道真に無実の罪を着せた藤原氏は即死。それを見た天皇も、3か月後に病気になって亡くなった。人々は、これを道真の怨霊のたたりと恐れた。『てんじんき』より。

## その2 日本三大怨霊とは？

　菅原道真は、平安時代中期の武将・平将門、平安時代後期の崇徳天皇（上皇）とともに、日本三大怨霊といわれている。

　平将門は、939年に関東地方の独立を図り、朝廷に反乱をおこした。しかし翌年、朝廷側の武士に倒された。京都でさらされた将門の首は、まもなく今の東京・大手町に飛んできたという。将門の霊は災いをおこすと恐れられたが、朝廷に反感をもっていた人々は英雄としてあがめた。その霊をまつったのが、神田神社（東京都千代田区）である。

　崇徳天皇は、弟の後白河天皇との政権争いに敗れ、讃岐（香川県）に流された。天皇はうらみを残して死に、その後、京都で災いが続くと、崇徳天皇の怨霊のたたりとされた。

将門の首塚。第二次世界大戦後、GHQ（連合国軍最高司令官総司令部）が撤去しようとしたら事故がおきたという。

## その3 神になった歴史上の人々

　御霊信仰以外の理由から、神としてまつられた歴史上の人物も多い。

　歌人の柿本人麻呂や、陰陽道の創始者とされる安倍晴明（→P246）などは、そのすぐれた才能から死後に神として信仰された。

　また、目覚ましい功績を残した武将や権力者などが、その功績をたたえられ、神としてまつられるケースもある。天下を統一した豊臣秀吉は豊国大明神、徳川家康は東照大権現として、死後にそれぞれ豊国神社（京都府京都市）、日光東照宮（栃木県日光市）にまつられた。

# 安倍晴明
## あべのせいめい

### 陰陽師として朝廷に仕えた占い師の守り神

平安時代後期の陰陽師。占い師の守り神で、あらゆる悪霊を防ぐとされる。陰陽師とは、天体観測や暦づくりなどを通じて、日取りや方角の良し悪しを占ったり、まじないで病気を治したりする仕事だ。晴明は、実際にすぐれた陰陽師として、功績が記録に残っている。

晴明の死後、彼を超能力者のようにえがいた伝説がたくさん生まれた。そこでは呪力で悪霊を退治したり、式神（人や動物などに変身する鬼神）を自在にあやつったりする姿がえがかれている。これらの伝説は、

四章

## データ

呪術の神

| 別名 | 安部晴明 |
| 神格 | 占い・除霊 |
| 特徴 | 式神を使って吉凶を予知 |
| ご利益 | あらゆる悪霊を防ぐ |
| 神社 | 晴明神社（京都府）安倍晴明神社（大阪府）など |

### 神々の外伝

晴明をまつる晴明神社の社紋は、一筆書きの星型で、晴明桔梗などとよばれている。厄除けや魔除けの力があるとして、晴明神社のお守りやお札などには、この社紋がえがかれている。

晴明神社（京都府京都市）。提灯に星型の社紋がえがかれている。

歌舞伎などで演じられ、各地の陰陽師たちによって語られた。
　こうして、晴明の不思議な力に対する信仰が一般の人々の間にも広まり、災いをはらう神として各地で広くまつられるようになったと考えられている。

247

# オオグチノマガミ 大口真神

## 恐ろしいが頼りになる狼の神

　山の神の化身・使いで、火災や盗難除けの守り神。「真神」は狼の別名で、大口真神とは、大きな口の狼を表す。

　日本では、野生の狼は約100年前に絶滅したとされるが、人間と狼の関係は縄文時代にはじまったという。狼は、人をおそう危険な獣である一方、作物を食い荒らす猪や鹿を退治してくれる頼もしい存在でもあった。こうした恐れと尊敬から、狼を神として信仰するようになったとされる。

　狼信仰は、江戸時代中期から明治時代にかけて、特にさかんになった。狼がたくさんいた関東地方や中部地方を中心に、埼玉県秩父市の三峯神社のように、狼をえがいたお札を発行する神社も多く出てきた。このお札を神棚や戸口に貼ることで、魔除けや火事の防止、盗難除けになるとされている。

### 神々の外伝

　ヤマトタケル（→P116）が秩父の三峯山で道に迷ったとき、白い狼が現れて道案内をした。これに恩を感じたヤマトタケルは、この地に仮のお宮を建てて、白い狼をまつった。これが三峯神社のお仮屋だ。

大口真神をまつる三峯神社のお仮屋と狼のお札。

# 日本のさまざまな祭

　祭とは、神を神輿に乗せて練り歩き、人間世界を楽しんでもらうものだ。神社では、豊作を祈る春の祭と収穫に感謝する秋の祭が特に重要とされる。
　日本各地で行われる特に有名な祭や、少し変わった祭（奇祭）を紹介しよう。

### 葵祭（京都府京都市）

5月15日、平安貴族姿の行列が京都御所から下鴨神社、賀茂別雷神社（上賀茂神社）まで練り歩く。約1450年前、カモワケイカヅチ（➡P180）を盛大にまつったのがはじまりだ。

### 長崎くんち（長崎県長崎市）

10月7～9日に行われる諏訪神社の秋季大祭。龍踊（写真）などが神にささげられる。

### 大阪天満宮天神祭（大阪府大阪市）

菅原道真（➡P242）の命日に合わせて7月24～25日に行われる。道真の霊を乗せた船を中心にたくさんの船が大川を行きかう。

**鍋冠祭**（滋賀県米原市） 奇祭

5月3日、鍋をかぶった少女らの行列が、ウカノミタマ（➡P192）などの食物神をまつる筑摩神社まで練り歩く。

**福島わらじまつり**（福島県福島市） 奇祭

8月上旬、日本最大という巨大なわらじをかついで運び、市内の羽黒神社に奉納する。

**秩父夜祭**（埼玉県秩父市） 祭

12月3日を中心に行われる秩父神社の例大祭。神が宿る豪華な傘鉾や屋台がひき回される。

**神田祭**（東京都千代田区） 祭

2年に1度、5月中旬に行われる神田神社の祭。たくさんの神輿や行列が市街を練り歩く。江戸時代、将軍も楽しんだことから、千代田区永田町の日枝神社山王祭とともに「天下祭」とよばれる。

# 神社マップ 全国編

この本に出てくるおもな神社の場所を地図で確かめよう。近畿地方は、古くから日本の都が置かれ、日本神話の神々にゆかりの神社が多いため、254～255ページにまとめて紹介した。

❶ 鵜戸神宮（➡P105）
**所在地** 宮崎県日南市

❷ 太宰府天満宮（➡P87）
**所在地** 福岡県太宰府市

❸ 香椎宮（➡P27,126）
**所在地** 福岡県福岡市

❹ 宗像大社（➡P160,162）
**所在地** 福岡県宗像市

❺ 宇佐神宮（➡P130）
**所在地** 大分県宇佐市

❻ 和多都美神社（➡P102）
**所在地** 長崎県対馬市

❼ 厳島神社（➡P163）
**所在地** 広島県廿日市市

❽ 出雲大社（➡P20,62,68）
**所在地** 島根県出雲市

❾ 須我神社（➡P65）
**所在地** 島根県雲南市

❿ 美保神社（➡P94）
**所在地** 島根県松江市

⓫ 白兎神社（➡P66）
**所在地** 鳥取県鳥取市

⓬ 吉備津神社（➡P133）
**所在地** 岡山県岡山市

⓭ 金刀比羅宮（➡P188）
**所在地** 香川県琴平町

⓮ 岡太神社（➡P151）
**所在地** 福井県越前市

⓯ 白山比咩神社（➡P157）
**所在地** 石川県白山市

⓰ 南宮大社（➡P197）
**所在地** 岐阜県垂井町

⓱ 津島神社（➡P46）
**所在地** 愛知県津島市

## ⑱ 熱田神宮（➡P121）
**所在地** 愛知県名古屋市

## ⑲ 富士山本宮浅間大社（➡P174）
**所在地** 静岡県富士宮市

## ⑳ 北口本宮冨士浅間神社（➡P175）
**所在地** 山梨県富士吉田市

## ㉑ 諏訪大社（➡P90）
**所在地** 長野県諏訪市、茅野市、下諏訪町

## ㉖ 気象神社（➡P49）
**所在地** 東京都杉並区

## ㉗ 神田神社（➡P245）
**所在地** 東京都千代田区

## ㉘ 橘樹神社（➡P119）
**所在地** 千葉県茂原市

## ㉙ 香取神宮（➡P89）
**所在地** 千葉県香取市

## ㉚ 鹿島神宮（➡P84）
**所在地** 茨城県鹿嶋市

## ㉛ 髙椅神社（➡P234）
**所在地** 栃木県小山市

## ㉒ 戸隠神社（➡P52,187）
**所在地** 長野県長野市

## ㉔ 三峯神社（➡P248）
**所在地** 埼玉県秩父市

## ㉜ 鹽竈神社（➡P177）
**所在地** 宮城県塩竈市

## ㉓ 弥彦神社（➡P231）
**所在地** 新潟県弥彦村

## ㉕ 秩父神社（➡P17）
**所在地** 埼玉県秩父市

## ㉝ 月山神社（➡P45）
**所在地** 山形県西川町

253

# 神社マップ 近畿編

**① 中嶋神社**（→P233）
所在地　兵庫県豊岡市

**② 犬次神社**（→P131）
所在地　兵庫県西脇市

**③ 櫛石窓神社**（→P227）
所在地　兵庫県篠山市

**④ 西宮神社**（→P35.95）
所在地　兵庫県西宮市

**⑤ 少彦名神社**（→P75）
所在地　大阪府大阪市

**⑥ 今宮戎神社**（→P95）
所在地　大阪府大阪市

**⑦ 住吉大社**（→P159）
所在地　大阪府大阪市

**⑧ 大鳥大社**（→P117）
所在地　大阪府堺市

**⑨ 賣太神社**（→P211）
所在地　奈良県大和郡山市

**⑩ 龍田大社**（→P138）
所在地　奈良県三郷町

**⑪ 高鴨神社**（→P225）
所在地　奈良県御所市

**⑫ 伊太祁曽神社**（→P169）
所在地　和歌山県和歌山市

**⑬ 熊野本宮大社**（→P184）
所在地　和歌山県田辺市

**⑭ 熊野那智大社**（→P184）
所在地　和歌山県那智勝浦町

**⑮ 熊野速玉大社**（→P184）
所在地　和歌山県新宮市

●**監修者**

**戸部民夫**［とべ　たみお］
1947年、群馬県生まれ。法政大学卒業。美術関係出版社勤務後、作家になる。主な著書に『「日本の神様」がよくわかる本』『「日本の女神様」がよくわかる本』（以上、PHP研究所）、『神社でわかる日本史』（光文社）、『「学問の神様」徹底ガイド』（双葉社）、『神様になった動物たち』（大和書房）、『八百万の神々─日本の神霊たちのプロフィール』（新紀元社）などがある。

●**イラスト**
合間太郎、安采サチエ、奥田みき、じんてつ、真平、精神暗黒街こう、TAKA、長崎祐子、七海ルシア、なんばきび、橋本鳩

●**デザイン・DTP**
芝　智之　宮川柚希　李雁（スタジオダンク）

●**編集協力**
近藤哲生　佐藤朝子　小西麻衣　戸松大洋（ハユマ）、安部直文、石原弘司

●**写真提供・協力者**
愛知県観光協会（P46）、青森県（P207上）、秋田県観光連盟（P216）、アフロ（P247）、池田町観光協会（P220）、石川県観光連盟（P157/P217左上）、泉崎資料館（P237）、伊太祁曽神社（P169）、出雲大社（P20/P62上/P68）、糸魚川市（P63）、今宮戎神社（P95上）、宇佐神宮（P130）、梅宮大社（P143）、大豊神社（P87左上）、大船渡市（P217右上）、岡山県観光連盟（P133/P183）、賀茂別雷神社（上賀茂神社）（P180/P250右上）、貴船神社（P153）、宮内庁（P131上）、熊野本宮大社（P185）、群馬県（P34）、警固神社（P200）、国立国会図書館（P42/P62下/P75上下/P112/P206/P207下/P244）、金刀比羅宮（P189）、堺観光コンベンション協会（P117）、桜井市（P115/P218）、薩摩川内市（P217左中）、椎葉村観光協会（P213）、鹽竈神社（P177）、静岡県観光協会（P174）、静岡県立美術館（P71）、島根県観光連盟（P26/P30/P64）、島根県立古代出雲歴史博物館（P20）、下北山村役場（P240）、Shutterstock（P86右上ⒸHeroToZero/P87右上ⒸJesse33/P194右ⒸAugust_0802/P194左Ⓒjointstar/P250左下ⒸtwoKimimages）、専修大学図書館（P80）、高鴨神社（P225）、高椅神社（P234）、高原町（P96）、龍田大社（P138）、多度大社（P87左下/P166）、秩父観光協会（P251右中、秩父神社（P17）、千葉県教育委員会（P89）、椿大社（P210）、出羽三山神社（P45）、天真正伝香取神道流本部道場（P89）、東京大神宮（P136下）、東京都立中央図書館（P85）、戸隠神社（P52/P187）、鳥取県（P66）、豊田商工会議所（P233）、長崎県観光連盟（P102/P250左上）、南宮大社（P197）、西脇市（P131下）、日本銀行金融研究所貨幣博物館（P165）、人形芝居えびす座（P95下）、白蛇弁財天（P86右下）、八広寺（P164下）、PIXTA（P190）、姫路市教育委員会（P164下）、びわこビジターズビューロー（P33上下）、福井県観光連盟（P151）、福岡市（P27下）、福島わらじまつり実行委員会（P251右上）、伏見稲荷大社（P86右上/P194）、豊川閣妙厳寺（豊川稲荷）（P195）、米原市（P251左上）、松江観光協会（P94）、松山市道後温泉事務所（P74）、三峯神社（P248）、三宅八幡宮（P87左下）、みやざき観光コンベンション協会（P58/P105/P211上）、宮崎県（P101）、「宗像・沖ノ島と関連遺産群」世界遺産推進会議（P162）、茂原市（P119）、弥彦観光協会（P231）、大和郡山市観光協会（P211下）、やまなし観光推進機構（P175）、遊佐鳥海観光協会（P217右中）、ユニフォトプレス（P163）、和歌山県立紀伊風土記の丘（P223）

---

# 大迫力！日本の神々大百科
（だいはくりょく！にほんのかみがみだいひゃっか）

| 監修者 | 戸部民夫 |
|---|---|
| 発行者 | 若松和紀 |
| 発行所 | **株式会社 西東社** |

〒113-0034　東京都文京区湯島2-3-13
https://www.seitosha.co.jp/
電話　03-5800-3120（代）
※本書に記載のない内容のご質問や著者等の連絡先につきましては、お答えできかねます。

落丁・乱丁本は、小社「営業」宛にご送付ください。送料小社負担にてお取り替えいたします。
本書の内容の一部あるいは全部を無断で複製（コピー・データファイル化すること）、転載（ウェブサイト・ブログ等の電子メディアも含む）することは、法律で認められた場合を除き、著作者及び出版社の権利を侵害することになります。代行業者等の第三者に依頼して本書を電子データ化することも認められておりません。

ISBN 978-4-7916-2683-0